水蕴申城

——上海河湖文化挖掘与研究

主　编　卢智灵
副主编　徐飞飞　朱　丽

同济大学出版社
TONGJI UNIVERSITY PRESS
·上海·

图书在版编目(CIP)数据

水蕴申城:上海河湖文化挖掘与研究 / 卢智灵主编;徐飞飞,朱丽副主编 .—上海:同济大学出版社,2024.1

ISBN 978-7-5765-1011-9

Ⅰ.①水… Ⅱ.①卢… ②徐… ③朱… Ⅲ.①河流—文化研究—上海②湖泊—文化研究—上海 Ⅳ.①K928.4

中国国家版本馆 CIP 数据核字(2024)第 013128 号

水蕴申城——上海河湖文化挖掘与研究

主　编 卢智灵　　**副主编** 徐飞飞　朱　丽

责任编辑 宋　立
责任校对 徐逢乔
封面设计 王　翔
出版发行 同济大学出版社 www.tongjipress.com.cn
(地址:上海市四平路 1239 号　邮编:200092　电话:021-65985622)
经　　销 全国各地新华书店
印　　刷 常熟市华顺印刷有限公司
开　　本 787 mm × 1092 mm　1/16
印　　张 14.75
字　　数 212 000
版　　次 2024 年 1 月第 1 版
印　　次 2024 年 1 月第 1 次印刷
书　　号 ISBN 978-7-5765-1011-9

定　　价 76.00 元

前言 FOREWORD

上海，长江出海口的“明珠”，位于长江三角洲东缘，东临东海，北靠长江，南倚杭州湾，处于长江和太湖流域下游，区域内河网密布、水量充沛，是典型的平原感潮河网地区。

水是上海城市兴盛的命脉所在、城市活力的灵性所在、城市品质的魅力所在。千百年来，水滋润养育了这里的土地与生灵，翻开历史长卷，上海的历史发展与水息息相关。从冈身线（古海岸线）发展的史前崧泽文化（距今约6 000—5 400年）、良渚文化（距今约5 400—4 400年），至广富林文化（距今约4 000年）、马桥文化（距今约3 900—3 200年），到六朝前后的吴越文化（距今约1 800—1 400年）、江南文化（距今约1 400—180年），再到1843年开埠以后，依托黄浦江和苏州河通商贸易，上海飞速发展，衍生出海派文化，均是因水而生、依水而兴。因此，水在上海城市发展历程中具有十分重要的地位。

水是构成生态环境的基本要素之一，更承载着城市的演变和发展，而水并不总是美好的，伴随着城镇化的进程，水灾害、水污染曾是上海城市快速发展的绊脚石。但是，从古至今，上海人民团结治水、合力兴水的故事不绝于耳。崧泽古文化遗址、广富林文化遗址、马桥文化遗址可以追溯到新石器时代；志丹苑元代水闸遗址是目前国内最大的元代水利工程遗址。至现代，上海拼搏20余载，综合整治苏州河，梦清园凝聚了几代上海人对苏州河由黑转清的梦想；黄浦江两岸贯通，打造世界级滨水区，提供了独特的滨水文化和亲水体验，顺应了人民对美好生活的新期待……上海水利人筚路蓝缕，风雨兼程，推动着上海城市水安全水平逐年提升，水环境面貌焕然一新。

水文化是一座城市的灵魂，也彰显了一座城市的魅力和内涵。然而，当被污染的水系重又恢复清澈时，原先的河湖名称和周边环境所承载的文化却渐渐模糊了。党的十八大以来，上海深入贯彻落实“节水优先、空间均衡、系统治理、两手发力”十六字治水方针，秉持“绿水青山就是金山银山”的发展理念，大力推进水生态文明建设，翻开了治水兴水的崭新一页。

2017年4月，上海市水务局会同上海市地名办联合印发了《关于加强本市河道命名管理的实施意见》和《上海市河道命名管理办法》，提出在规范河道命名的同时，应充分挖掘河道名称的历史文化内涵，打造一批具有历史文化价值的示范性河道；同年7月，上海市水务局制定印发了《上海市河道命名方案编制技术导则（试行）》，进一步明确了河道命名的技术标准、河道名称文化挖掘和保护的导则，拉开了上海河湖文化挖掘和研究的序幕。

但如何对河湖文化进行挖掘、采用何种形式进行河湖文化传承，尚无成熟的经验和规范可依。本书在编制过程中，参考了相关规划、政策文件、地方志和民间坊传等资料，结合河湖管理特征，研究了上海河名变迁史，并选取了黄浦江、苏州河等上海市颇具特色的河湖，围绕河名由来、水系变迁、传说故事、文化遗迹、墨客足迹和历史事件等方面进行文化挖掘，同时阐述进入21世纪以来河湖的整治情况，以记录特色的河湖文化，探索依托建设工程传承河湖文化，构想新时代河湖文化的传承与保护方式，这既是对上海现行河湖长效管理体系的补充完善，也是对上海河湖文化挖掘和传承的探索。

本书在编写过程中得到了各区水务部门的大力支持和帮助，此外，本书还参阅了很多专家、学者和同行们的著作和研究成果，在此一并表示感谢。限于编者的水平，本书可能存在遗漏和不妥之处，诚望读者和专家批评指正，以便于再版时予以修订，使本书渐臻成熟。

本书编者

2023年10月

目录 CONTENTS

第1章

上海的河湖名称

上海的发展史与水密不可分，至今很多上海地名仍然保留了“水”的痕迹，如“黄浦区”“月浦镇”“方浜中路”等。据不完全统计，上海市水文化地名在行政区划名中出现最多的是“海”“江”“河”，其中“海”字出现了将近500次，道路名中出现最多的是“浦”“海”“江”等，其中“浦”字出现了将近100次，可以说，上海是一座与“水”息息相关的城市。

2017年，在上海市第一次水资源普查（2000年）、第一次水利普查暨第二次水资源普查（2010年）的基础上，为全面从严管控河湖水面率，上海开展了全市河湖数据调查复核工作，以2016年全要素地形图为主、高分辨率航空正射影像为辅，对河湖数据进行梳理、校正和完善，形成“一图一表一信息”全覆盖、无重复、无遗漏的河湖本底数据，发布《2016上海市河道（湖泊）报告》（上海市水务局，2017年8月），并形成每年发布一次全市河湖报告的机制。至2022年，根据《2022上海市河道（湖泊）报告》，上海市共有河湖46 822条（个），河湖水面率10.3%，另有小微水体44 469个，水面率0.76%。河湖水面和小微水体水面合计占上海国土面积的11%。因此，对上海这座国际化大都市而言，河湖不仅事关安全，也事关环境和资源，更是城市生态不可或缺的重要部分。

河湖名称一般由通名和专名组成，其中河湖通名就是“姓”，河湖专名就是“名”。4万多条河道，就有4万多个河湖名称，河湖名称不单纯是一个名字或代号，它还承载着重要的历史意义和文化内涵，千百年来，它的意义和内涵正被不断地丰富和完善。

1.1 河湖通名变迁

中国的河流名称，即河湖通名大致经历了三个阶段。

第一阶段是先秦时期，大部分河流没有通名，只有专名。《尚书·禹贡》是我国最早记载河流的地理著作，其中记载的江河共52条，单言其名的47条，占总数的90.4%；有通名“水”的只有5条：“黑水、弱水、沣水、降水、沇水”，仅占总数的9.6%。另外如：“浮于江、沱、潜、汉，逾于洛，至于南河。……浮于潜，逾于沔，入于渭，乱于河。”其中，“江、沱、潜、汉、洛、沔、渭、河”分别指“长江、沱江、潜江、汉水、洛河、沔水、渭水、黄河”。《诗经》提到的河流共35条，有通名“水”的只有4条，如《国风·齐风·载驱》：“汶水汤汤，行人彭彭。”加通名“水”大多是出于四言体诗音节的需要。

第二阶段是汉魏六朝时期，河流名称中除了专名，开始使用“水”这个通名。如《世说新语·言语》：“谢中郎经曲阿后湖，问左右：‘此是何水？’答曰：‘曲阿湖。’”显然，谢万问的“水”，是指什么河或什么湖。再如《水经注》卷三十八：“湘水左，则沅水注之，谓之横房口。”《汉书·地理志》：“浐水出蓝田谷，北至霸陵入霸水。”其中的“湘水、沅水、浐水、霸水”，在先秦时都只单言“湘、沅、浐、霸”。《水经注》中记载的河流共1 252条，有通名“水”的1 143条，占总数的91.3%。《汉书·地理志》记载的河流共265条，有通名“水”的250条，占总数的94.3%。可见除了专名，汉魏时期开始普遍使用“水”这个通名。

第三阶段是隋唐至明清时期，河流基本上使用“江”“河”作为通名。汉魏以来使用“水”作为通名的河流，至隋唐有不少改用“江”或“河”，如：今江苏境内的秦淮河，汉魏时称“淮水”，唐以后因旧传秦始皇凿通该河，遂改称“秦淮河”。以前没有通名的河流，开始称“江”或“河”，如：“黄浦江”只称“黄浦”，直到清代才称江。清人齐召南的《水道提纲》，是继《水经注》之后又一部记载河流的专著，点明通名由“水”改为“河”或“江”的就有上百处，如：“沂河即古沂水”“鸭绿江即古马訾水”“澜沧江即古蘭苍水”等。

在这三个阶段的基础上，上海的河湖通名经历了第四阶段，明清以来至2016年，这个阶段河湖通名标准不一，辨识度不高。同时由于地理、历史或文化的交错性，在河湖名称变迁过程中，一些河流存在多河一名或一河多名的情况，河湖名称也存在重名、冗长拗口、命名方式单一、通名无序等现象。

2017年，以上海市水务局和上海市地名管理办公室联合印发《关于加强本市河道命名管理的实施意见》《上海市河道命名管理办法》为标志，上海启动河湖名称规范化命名工作。

1.2 河湖名称规范化命名原则

河湖名称作为地名的重要组成部分，不仅具有地理方位的指向性功能，更承载了地区的历史文化，河湖名称应方便公众的识别和使用，字数（专名+通名）以3～6字为宜。因此，在河湖名称演变过程中，应尊重河湖当地的使用习惯，尽量保留原有河湖名称，从严控制河道名称的更名与注销，以保持河湖名称指位系统和地域文脉的延续性。

（1）尊重历史，保护文化。上海市成陆较早，不少河湖历经千年，具有丰富的文化内涵，在河湖命名规范化的同时，进一步挖掘河湖的历史文化价值，河湖名称尽可能体现上海市的历史、地理、文化、特征以及规划功能等。

（2）科学规范，便于使用。建立科学合理的河湖命名机制，制定命名规则和程序，河湖名称应符合法律法规，尊重当地的风俗习惯，并方便日常使用和管理。

（3）区域联动、水陆统筹。上海市的大部分河湖跨多个行政区，在河湖名称管理上需要区域之间、部门之间协调合作，河湖的演变伴随着城市建设的推进，河湖名称应与所在地区的经济、文化、社会特征相称。

1.3 河湖通名命名方法研究

1. 通名用字

根据《上海市河道命名管理办法》《上海市河道命名方案编制技术导则（试行）》，上海河道通名常用的有“江、河、港、塘、泾、浦、浜”，原有通名为“沥、洪、沟”等，予以保留，湖泊通名常用的有“湖”，原有通名为“荡、漾”等，予以保留，因此，以上13个通名用字是符合要求的。

选择河湖通名时可以按照通名本身的含义和适用对象，结合本地区地名文化确定具体用词，一般来讲，常用通名按以下规律选用：①江，大河的通称；②河，水道的通称；③港，江河的支流；④塘，水池；⑤泾，由北向南流动的水；⑥浦，水边或河流入海的地区；⑦浜，小河沟；⑧湖，陆地上围的大片水域。

另外，在河湖名称规范化过程中，发现另外有13个字以“氵”为偏旁，释义符合河湖形态和功能，其中7个字在原河湖名称中使用频次较多，4个字认知度较高，2个富有地方水文化特色，另有一个“盂”字则比较特殊。

2. 使用频次较多的通名用字

1）“池”

《辞海》释义：①水塘，如荷花池。《孟子·梁惠王上》：“数罟不入洿池。”②护城河。《礼记·礼运》：“城郭沟池以为固。”

2）“湾”

《辞海》释义：水流弯曲的地方。沈佺期《入鬼门关》诗：“马危千仞谷，舟险万重湾。”

3）“溇”

《汉语大词典》释义：沟渠。陆容《菽园杂记》卷五：“如‘溇’字本雨不绝貌，今南方以为沟渠之名，北人则不解道也。”

4）“洋”

《辞海》释义：亦称“大洋”。地球表面特别广袤的水域。

5）“漕”

《汉语大词典》释义：漕渠。《文选·班固〈西都赋〉》：“东郊则有通沟大漕，溃渭洞河。”李善注引《汉书·武帝纪》：“穿漕渠，道渭。”

6）“潭”

《辞海》释义：深水处。《楚辞·九章·抽思》：“长濑湍流，溯江潭兮。”

7）“泊”

《辞海》释义：湖泽。如：湖泊；水泊；梁山泊（在今山东省）。

3. 认知度较高的通名用字

1）“海”

《辞海》释义：①大洋的边缘部分。②指大湖。如：青海；里海。

2）“溪”

《辞海》释义：山间的流水，如：山溪；溪涧。《汉书·司马相如传上》：“振溪通谷，蹇产沟渎。”

3）“沼”

《辞海》释义：天然的水池，一说圆曰池，曲曰沼。《诗·召南·采蘩》：“于以采蘩？于沼于沚。”

4）“汊”

《辞海》释义：河水岔出的地方，如：河汊；汊港。元好问《善应寺》诗：“平岗回合尽桑麻，百汊清泉两岸花。”

4. 富有地方水文化特色的通名用字

1）“泖”

《辞海》释义：水面平静的湖荡。倪瓒《正月廿六日漫题》诗：“泖云汀树晚离离，饮罢人归野渡迟。”

历史上有“华亭三泖”，上海境内泖河为其一，位于青浦区东南与松江区邻接处，是黄浦江上游的主要河段。

2）“滧”

《汉语字典》释义：天然港汊，是上海市崇明区方言。总体而言，释义也符合河湖形态和功能，且富有地方水文化特色。

5. 另类通名用字

“盂”字则比较特殊，仅出现在青浦区的“涨水盂”河湖名称中，不以“氵”为偏旁，但释义基本符合湖泊形态的描述，且“涨水盂”沿用时间已久，具有当地特色。

6. 河湖名称通名用字研究

河湖通名用字可按照通名本身的含义和适用对象，结合本地区地名文化确定具体用词，因此除符合《上海市河道命名管理办法》和《上海市河道命名方案编制技术导则（试行）》要求的河道通名“江、河、港、塘、泾、浦、浜、沥、洪、沟”和湖泊通名“湖、荡、漾”以外，建议允许采用“泊、漕、池、海、溇、泖、潭、湾、溪、潡、洋、沼、汊”等13个汉字作为河湖通名使用。此外，出于对水文化历史的保护，建议“盂”为可用通名，青浦区的“涨水盂”不再重新命名，但在后续命名中不再继续使用。

1.4　河湖专名命名方法研究

1. 专名特点

河湖专名是指体现当地或河道历史、地理、文化以及规划功能特征的名称，如虹口港的“虹口”、随塘河的“随塘”等，专名一般与自然村落、特征建筑、动物养殖、农业种植或经济活动等相关。

（1）与自然村落相关，专名中一般含有“队”“组”“家”等自然村落特征的字，如“八队园沟”“百曲8组1号河”“包家沟”等。

（2）与特征建筑相关，专名中一般含有“桥”“庙”“公园”等特征建筑的字，如“长春桥港”“横庙桥港”“森林公园河”等。

（3）与动物养殖相关，专名中一般含有“养殖”“牛”“马”等动物养殖特征的字，如“长江养殖场转河”“奶牛场后横河”“马厂1、2组支河”等。

（4）与农业种植相关，专名中一般含有“毛豆”“果”“棉”等农业种植特征的字，如“赤豆娄河”“果园1、2组生产河”“棉场102”等。

（5）与经济活动相关，专名中一般含有“学校”“大学”“公司”等经济活动特征的字，如“学校东浜”“政法大学荷花塘”“园林公司景观河”等。

（6）专名中含有“路”“部队”“和尚”等特征指向明显的字，如“叶新公路河”“部队浜”“龙湾和尚泾”等。

2. 专名命名方法

河湖专名应方便公众的识别和使用，避免使用生僻难懂、拗口、难记、易引起方位混乱和歧义的名词，选择易于接受、易于识别，且不与现行法律法规相矛盾的名称，宜采用当地的地名，可采用起讫两地名字组合，可采用祈愿型词语或具特殊意义（政治性、纪念性）的词语命名，可采用其用途、长度或周边建筑的特殊标志命名。

3. 专名字数

河湖专名字数应能满足特征命名需求，并按规范化命名要求控制在2～5字。但上海市大部分河湖均为规模较小但面广量大的村级河道和其他河湖，因此根据“尽量保有原有河湖名称”原则，区管和镇（乡）管河湖专名字数不宜多于5字，而村级河道和其他河湖字数适当放宽，不宜多于9字。此外，潘泾、虬江、元荡、沙浦等河湖虽然专名仅一个字，但通名符合要求，且已被广泛使用，河湖专名可以继续沿用。

4. 专名用字

（1）河湖专名禁用国家领导人名字和外文，不用外国人名和外国地名，一般不用人名和企事业单位名称，慎用与民族、宗教有关的词语。但上海的其他河湖是指公园、绿地、小区或单位内自管的河湖，因此其他河湖属于有权属单位的河湖，因其特殊性，专名中出现企事业单位名称有助于提高其他河湖的认知度和识别度，沿用时间已久的专名中如出现企事业单位名称，河湖专名可以继续沿用。

（2）以地理区位为专名。在不改变原有河湖名称的情况下，增加地理区位，如松江的张家浜，规范命名为“广富林张家浜”。

（3）以自然特征（历史、地理、人文等）为专名。根据河湖规模、走向等确定河湖通名（江、河、港、塘、泾、浦、浜等），专名结合地理方位、历史沿革、人文景观等特点拟定，如金山的“陆家浜”，规范命名为“长楼江”。

自2017年上海市河湖名称规范化命名工作启动以来，在上海市、区、镇三级水务部门的共同努力下，至2020年，实现了规范化命名目标，在上海全市范围内赋予每一条河道、每一个湖泊合适的、规范的且唯一的名称。通名也同步拓展到“江、河、港、塘、泾、浦、浜、沥、洪、沟、湖、荡、漾、泊、漕、池、海、溇、泖、潭、湾、溪、漖、洋、沼、汊”等26个汉字，极大地推动了河湖清单化管理，提高了河湖管理养护、河（湖）长履职效率。

第2章

上海的母亲河

2.1 黄浦江概况

黄浦江是上海境内最大的一条河流，也是上海的地标河流，干流全长88.93公里，河湖面积41.02平方公里。滔滔江水从三角渡起，东流北折，穿过市中心，至吴淞口汇入长江。

黄浦江上游位于上海的西南部，有三大源流。拦路港源起淀山湖口淀峰，西北-东南流向，下游称泖河、斜塘，1995年开通的太浦河从西向东汇入泖河。这一支是主流，承泄太湖及淀山湖之水。中间一支上源为浙江的红旗塘，大体呈东西流向，入上海境内后为大蒸港-圆泄泾，承泄太湖及浙江杭嘉湖平原的来水。这两支水在新五库汇合后，旧称横潦泾，向东流，与大泖港相汇。第三支上源为秀州塘，入上海境内后为胥浦塘-掘石港-大泖港，承泄杭嘉湖平原沪杭铁路以南和金山区来水。

三源汇合后转北流，旧称竖潦泾。南北向的竖潦泾在米市渡以西九十度转弯，改为向东流，旧时始称黄浦江。

在规范上海市市管河道管理后，黄浦江干流起讫点改为三角渡至长江口，因此，不再称横潦泾和竖潦泾，统称黄浦江。

自米市渡开始，黄浦江比较顺直地向东流至闵行区闸港，长28.5公里，河面宽约300米。在闸港西（大治河西口）再次九十度转弯，改为南北向，此后比较顺直地到达市区龙华。从龙华开始，河道弯曲多变，在市中心接纳吴淞江—苏州河，向北至吴淞口汇入长江。龙华以下长40公里，在水位3.5米处，河面宽度自320米逐渐变宽至770米。黄浦江两岸有五十多条支流，从北岸、西岸流入的主要支流有华田泾、油墩港、大涨泾、淀浦河、吴淞江—苏州河、蕰藻浜等，从南岸、东岸流入的主要有张泾河、紫石泾、金汇港、大治河、川杨河等。黄浦江水系在上海市境内流域面积5 193平方公里，占全市水系总面积的81.9%。

2.2 黄浦江的别称

黄浦江名称的由来，一直有两个说法。

第一种说法占主流，认为黄浦江因春申君黄歇命名。宋元时期的黄浦已经有“黄浦塘”“黄浦港”等多种称呼，明清两代的文人雅士又给它取了许多别名，如“黄龙浦”“黄歇浦”“春申浦”“歇浦”“春申江”“申江”“黄浦江”“浦江”。到了清代中叶，“黄浦江”逐渐成为主要名称。

黄浦江上游是“横”着流淌的，上海方言“横”“黄”同音，所以上游又叫“横浦江”。黄浦之“黄”，可以指水色发黄，但通用的说法是与黄歇的黄姓相关。上海地区很多河流的名字都以姓氏命名，如赵浦、李浦、顾浦、王浦，又如赵家浜、江家浜、谭家浜、俞家港等。

春申君黄歇是战国四公子之一，“一水贤于十万兵”是上海人民对黄歇的由衷称颂，认为上海的母亲河是因春申君而名，也是可以接受的，而且这个说法也丰富了上海相关命名方式，如“申城”和《申报》等。

另外一种说法，则认为黄浦江因春申君黄歇命名是附会。春申君筑城于苏州，因为春申君姓黄，明朝时，就有人将黄浦与春申君附会在一起，说是黄歇开凿黄浦，黄浦因此又称“春申浦”。但是明代方志大多用“相传”一词，如正德《松江府志》说：“黄浦，一名春申浦。相传春申君凿。黄，其姓也。”表明修志者未寻得确凿佐证。

从上海地区成陆情况分析，战国时期，闸港以北的黄浦江还在海里，两岸还没成陆，春申君为何要在海里开凿一江？因此，可以认为战国春申君黄歇开黄浦江这种传说不是很可信。

在唐宋及以前，东太湖流域的河流中最大的河流被称为“江”，如吴淞江、娄江（今江苏浏河一线）、东江（从太湖东南出，经淀山湖，东南向至今金山一带入海）。吴淞江南北两岸流入吴淞江的河流被称为“浦”，如上海浦、下海浦均由南向北流入吴淞江。黄浦在清代中叶后，被称为“黄浦江”，可以认为是“黄浦夺淞”之后的必然。当然，还有一个说法是，上海开埠后，外国人在上海地图上将黄浦标为“Whangpoo River”，中国人又回译为“黄浦江”。

实际上，“黄浦江”一名的出现时间并不晚。康熙四十四年（1705年）二月，皇帝开始第五次南巡。到达苏州府后，松江提督张云翼于三月十九日前往行宫奏请行幸松江，检阅官兵队伍。三天后，皇帝驾出葑门，走水路，经钟贾山到松江府城。在松江行宫，皇帝首先观看皇子射箭，接着自己“亲射二矢皆中”。随后，检阅了江宁将军的八旗兵，两江总督的督标、江苏巡抚的抚标和松江提督总兵官所属绿营兵的射箭。在松江府共驻跸五天。四月乙丑乘船离开，次日抵达嘉兴府。据嘉庆《松江府志》记载，康熙巡历松江府时，作了《船泊三江口》《泛黄浦江》《松江进鲜鲥鱼有怀》三首诗。《泛黄浦江》诗：“飞渡浦江意自如，午潮往返到阶除。欲知震泽分流处，非是观渔触浪余。”皇帝在诗中表达了自己不是为了游山玩水吃时鲜，而是考察江南水利之意。从诗中可见，“黄浦江”“浦江”之名，在康熙四十四年时已经存在，是不是康熙皇帝首创不能确认，但是彼时已经在使用。

康熙之后，文献中“黄浦江”的记载就多起来了。雍正年间，南汇县首任知县钦琏在公文中说：南汇县城去黄浦江六十余里。如果说诗文、公文中的地名可能有些随意性，至乾隆年间，《金山县志》《宝山县志》等方志中，也采用了“黄浦江”这一名称，代替原先的“黄浦”。开埠以后，1872年4月创刊的《申报》经常在新闻报道中使用“浦江”，如1872年8月8日的报道：“浦江各码头之舢板，遇有唤渡之客，则必聚相招揽。稍有行李，彼此攘夺装载，人为东扯西拉，孤客极受其累。昨有新关前巡缉之洋捕，见该船户等兜揽喧哗，不成事体，是以会同水捕一并获解公堂。”自1879年起则经常使用“浦江两岸”。随着1958年江苏十县划入上海，“浦江两岸”开始泛指整个上海市。

黄浦江在一些诗词中还有其他别称，如高不骞的《泛黄浦诗》将黄浦称为“申浦”：“证古东江似，呼名申浦昭，日斜光洒洒，风断势迢迢，估客通群鸟，耕夫沃两潮。沿洄思夏传，治定自前朝。”与康熙皇帝的诗一样，本诗的诗名用“黄浦”正名，诗中则用简称或别称。

2.3 黄浦江沿岸的文化遗迹

黄浦江作为城市的母亲河，是上海近现代城市发展历史的缩影，积淀了深厚的文化底蕴，也培育了海派文化。黄浦江沿岸汇集了最能体现城市文脉特色的历史建筑、工业遗产等风貌资源，是感受上海历史记忆的最佳场所。沿岸城区从十六铺发源，发展至外滩闻名遐迩的万国建筑群，在租界时期向南建设了诸多大型市政设施和码头港口。黄浦江沿岸的工厂、港区、仓库等记录和展现了中国工业文明的发展与变迁。

1. 外滩

外滩的近代历史可追溯至1843年。1842年清政府与英国签订《南京条约》，1843年11月上海正式开埠通商。自1844年起，外滩沿线被划为英国租界，形成了上海十里洋场，也是旧上海租界区以及上海近代城市的起点。英国人利用该区域建设码头，并在这里陆续开设了最早的一批洋行，如怡和洋行、宝顺洋行、老沙逊洋行等。1848年，在此铺筑了一条道路和加固堤岸。这条道路的名称是“Bund”，来自印地语，在英语里代表“堤岸”“有堤岸的港埠”，此名称作为外国人对外滩的称呼延用至今。

1846年，上海辟为商埠以后，国外的银行、商行、总会、报社开始在此设立分部，一幢幢商业大楼拔地而起，外滩也成为西方列强在上海的政治、金融、商务和文化中心。当年，各国的领事馆，如英国领事馆、法国领事馆、俄国领事馆等大多集中在此。外滩也是国际金融资本在中国的大本营，1864年，外滩共有洋行61家，1875年迅速增至157家。1897年，第一家华资银行——中国通商银行在外滩开业，此后，国内外的资本开始在外滩聚集，促使外滩成为中国的金融、贸易中心。

19世纪末开始，上海外滩渐渐成为租界区管理机构、银行、旅馆等建造大型建筑的首选地。租界初期建立的较为矮小的建筑逐渐被拆毁，重新建成豪华大厦。至1930年，上海外滩的建筑构成基本成形，并持续发展至40年代。1943年8月，上海外滩公共租界交还中国，外滩结束了长达百年的租界时期。

外滩的现代历史起于1943年，随着收复租界，上海进入了一个新的时代。1949年后，上海外滩多数建筑被国家或市政府机构使用，如汇丰银行大楼曾经是上海市人民政府所在地。各国银行逐步撤出中国，酒店及娱乐会所纷纷关闭另作他用，租界时期原来的门牌或路牌大多被撤换，外滩沿岸的外国雕像也被撤走。

自20世纪80年代末起，上海开始建造多个新的摩天大楼，某些大楼直接建造在旧建筑物之后（如外滩中心），改变了外滩的相貌，与新建筑相比，老建筑显得较为矮小。以往直接设在外滩江畔的码头全部搬迁，对相应的防汛墙实施了修复和加固。此外，在建造延安东路高架公路进入中山东一路的接口处时，将外滩天文台整体向南移动约50米。在外滩最北段，苏州河汇入黄浦江处，建造了一座上海市人民英雄纪念塔。

1992年4月18日，外滩进行了一次自开埠100多年来最大的整修改造工程，并于1993年1月基本改造完毕。改造后的外滩向黄浦江心扩展数十米，沿江修建观光、商业、停车和绿化等各种设施。1994年，上海市政府成立上海外滩房屋置换有限公司，计划将外滩的各栋建筑置换经营，以重振外滩金融街。自1995年7月中国光大银行进驻外滩29号后，原先使用外滩建筑的单位便陆续经置换经营退出。1995年9月30日，由上海市档案馆与黄浦区人民政府联合筹建的外滩历史纪念馆正式开馆，纪念馆以大量的历史照片为主，辅以具代表性的档案文献、实物，展示了上海开埠150年以来外滩的变化史。

进入21世纪以来，外滩继续保持着其独特的魅力和活力，也将继续见证上海的发展。

2. 提篮桥

提篮桥迄今已有300多年的历史，在下海庙有较多的记载。提篮桥以前的确有桥，只是现在已无踪迹。

提篮桥一带原先接近吴淞口，19世纪中期属上海县高昌乡，周围大多为农田和水渠，此地河浜纵横、阡陌交错，周边已形成集镇。附近因为有古刹下海庙，较为热闹。据传在当年木桥附近，即今东长治路电车二场处，有爿竹器店，专营提篮、淘箩而闻名，故人们称该地区为提篮桥。又说此桥建于隋朝，因附近有一座在上海挺有名的下海庙，香火很盛，香客川流不息。香客多为妇女，大多手挎提篮，放些香烛供物，往来桥上，“提篮桥”由此得名。

道光二十八年（1848年），提篮桥地区被辟为美租界，后因租借区域扩展的需要，开始填浜筑路，圈地造房，逐步形成集市区。1883年，下海浦被填，下海浦的一部分成为茂海路（今海门路的一段），提篮桥也被拆。但“提篮桥”的名称却被保留下来，随着历史的变迁，这一带发展成为上海的一个商业区。

如今“提篮桥”在上海口语中等同于“监狱”，起因是提篮桥附近曾经建造的“提篮桥监狱”。提篮桥监狱位于华德路，地籍编号为BC2134号，于1903年5月建成交付使用。当时的监狱占地面积约10亩[1]，主要有两幢4层楼的建筑，分别为AB监和CD监，监楼每层30间一面，背靠背排列，一层共60间。监楼用青砖和宁波石块修造，底层为水泥地，其他楼层使用硬木地板。监房的门梁是钢筋水泥，牢房的铁门、铁栅由上海本地制造，门锁由英国伦敦霍勃·哈脱公司特制供应。

1906年10月，工部局以每亩3 500两银子的价格，购买了地籍

[1] 1亩≈666.67平方米。

编号为1965的5.43亩土地，之后陆续购买了一些与提篮桥监狱相连的土地，添建了仓库、洗衣房、岗楼等。原先，公共租界会审公廨判决的中国籍犯人除在提篮桥监狱关押外，也在老闸、新闸、虹口等巡捕房押所关押。1916年起，工部局各巡捕房停止收押已决犯，全部集中关押于提篮桥监狱。

因此，提篮桥监狱关押犯人快速增加，监舍严重超员，提篮桥监狱在1920—1930年期间进行了多次扩建，直到1935年达到最大规模，占地面积60.4亩，并在今长阳路147号，开设了新的监狱大门。

这座监狱最初的正式名称是“上海公共租界工部局警务处监狱”，由于它位于华德路（华德路于1943年起更名为长阳路），亦称为“华德路监狱”。从1943年8月到1949年5月，该监狱正式名称为“司法行政部直辖上海监狱”，简称上海监狱。又因为监狱由外国人建造和管理，又称为“外国监牢”或“西牢”；还因为监狱位于提篮桥地区，所以俗称“提篮桥监狱”，简称提篮桥。久而久之，“提篮桥”成了“监狱”的代名词。

2.4 黄浦江的治理

黄浦江的治理历程，也反映了黄浦江的演变历史。

1. 黄浦成主流

明永乐元年（1403年），太湖发生特大水灾，吴淞江壅塞是重要原因，明永乐帝派户部尚书夏原吉治水。

夏原吉在《苏松水利疏》:“又松江大黄浦，乃通吴淞江要道，今下流壅遏难流，旁有范家浜至南跄浦口可径达海，宜浚令深阔，上接大黄浦以达泖湖之水。”因此，夏原吉征用民工20万人，疏浚上海县城东北的范家浜（即今黄浦江外白渡桥至复兴岛段），使黄浦从今复兴岛向西北流至吴淞口注入长江，此后吴淞口实际成了黄浦口。开通范家浜后，新老河道共同形成了黄浦江的雏形。

明正德末年（1521年），巡抚都御史李充嗣拓宽宋家浜

70余里（1里≈0.56千米）河道，至明隆庆三年（1569年），巡抚海瑞主持疏浚吴淞江，吴淞江下游完全改入今道，由外白渡桥入黄浦江，以黄浦江为主、吴淞江为辅的水系格局形成，称为“黄浦夺淞”。

2. 近代的河势引导

黄浦江与吴淞江一样存在淤浅的问题，需要不断地疏浚、治理。上海开埠后，清政府对黄浦江的疏浚持消极态度。甲午战争后，进出上海港的远洋船舶的吨位从此前的3 000～4 000吨扩大为6 000～7 000吨，万吨轮也已出现。这对航道的水深提出了更高要求。吴淞口未整治前，在黄浦江最后一个弯道——北港嘴最狭处，江面宽度只有370米；在其下游近3公里的距离内，江面宽度骤然扩大到1 500米，黄浦江的流速急剧下降。再向外，就是黄浦江与长江交汇处。长江落潮水流中的泥沙，就沉淀在这片广阔的缓流区内，形成吴淞口的拦门沙，即吴淞外沙。随着外沙的增多，阻碍了大轮船的进出。

1905年12月，上海浚治黄浦河道总局（又称黄浦河道局）成立，以荷兰人约翰·德·奈格（John De Rijke）为总营造司，负责黄浦江的整治工程。奈格在1876年就对黄浦江进行过考察，他的治理原则是确定导治线，在河口段31公里长度内，上游宽365米，河口宽820米，使航道成为漏斗形，利用上游来水冲刷沉积的泥沙。然而开工仅4年，就将原定20年的经费全部用罄。

1910年，黄浦河道局撤销，改设善后养工局。1912年5月，开浚黄浦河道局成立，简称“浚浦局”。浚浦局接手黄浦江的治理后，延续了奈格提出的治理思路：建导堤，阻止黄浦江水流扩散，加快黄浦江在退潮时的流速，让江水将泥沙挟带到长江深处，再由长江急流将泥沙冲走。因此，黄浦江自1907年开始，在左边筑导堤，右边筑顺坝。

左导堤位于黄浦江左岸与长江南岸接壤处，自吴淞王子码头（今海军码头）起，呈弧形向东北延伸，全长1 395米，呈半径为2.4千米的弧形。左导堤由四段堤坝组成，于1910年建成。第一段长412米，与海塘相接。1930年前填高后，这段导堤成为岸堤的一部分。第二段长550米，堤顶高度为2.75米，低潮时露出水面，人可以在上面行走。第三段长411米，堤顶高度为2.3米。第4段长51.9米，并以1 ∶ 10的坡度逐渐下降至泥面。在左导堤终点设有趸船，晚上以点灯作为航标。1928年7月改建固定灯标，日夜发光，使用至今。

右顺坝于1910年开工，全长1 500米，呈曲线形，由三条格堤与岸堤相连，至1911年完工。从此，只要不是涨潮的时候，船舶进入吴淞口后，就能看到长长的堤坝耸立在长江江面，长近1千米。夜间，灯塔发出黄色的闪光，为航行的船舶导航。

导堤建成后，导流作用明显，吴淞外沙逐渐刷深。1906年，吴淞外沙4.6米深的航道仅宽122米；至1911年，6.2米深的航道宽达213米。这些疏浚措施使黄浦江水深增加，航道平顺，有利于大轮船的进出，促进了上海港的兴盛，为20世纪30年代上海的繁荣打下了水上交通的基础。

3. 黄浦江的新生

之后的几十年，黄浦江陆陆续续进行了堤防建设。1974年汛前，黄浦江市中心区堤防已基本封闭，具有一定防御能力，但是上海连续遭受7413号和8114号台风侵袭，沿江不少地段险情十分严重。1984年，上海市市政府和水利部先后批准上海市区黄浦江堤防按“千年一遇”防洪标准设防。

1987年起，黄浦江市区段堤防按“千年一遇”防洪标准进行加高加固。1988—2005年，上海先后实施黄浦江干支流防汛墙加高

图2.1　20世纪90年代的黄浦江市区段堤防

图2.2　2001年5月建成的黄浦江市区段堤防

加固工程（208工程）、黄浦江干流新增防洪工程（110工程）两项工程，分别使上海老城区与新增城市化地区的黄浦江堤防基本达到“千年一遇”防洪标准（图2.1、图2.2）。在外滩堤防建设过程中，采用了空厢式结构，为外滩地区泊车、商务、旅游提供空间，使新外滩堤防融防汛、交通、绿化、商务、旅游功能于一体；浦东陆家嘴滨江大道分二级建设堤防，前面为高程4.5米的一级堤防，兼做亲水平台，后面为高程7.0米的二级堤防，兼顾了防汛与景观功能（图2.3、图2.4）；紫竹工业园区也分二级建设堤防，一级堤防防控一般洪水，高程4.0米，上设滨江大道，二级堤防防控特大洪水，高程5.4米，建好后置于土中，与一级堤防相距5～85米，形成一个缓坡，种上花草树木，高低错落有致，梯式堤防与绿化融为一体。

图2.3　2002年的外滩段黄浦江堤防

图2.4　近年来的外滩段黄浦江堤防

在黄浦江堤防防洪达标建设的同时，黄浦江两岸地区的综合开发工作也一直在谋划中。2002年，黄浦江两岸地区综合开发启动，以“还江于民”为目标，致力于实现生产性岸线向公共综合功能岸线的转型。一直到2016年，浦江两岸的功能、形象、设施等方面都有了极大提升。但滨江空间的开放度、可达性仍显不足，滨水空间的价值未能得以充分体现。特别是滨江沿线仍分布着一些难以搬迁的封闭型单位、码头及市政设施等，成为空间上的断点，直接影响了滨江活动的连续性与可达性。

在此背景下，2016年8月，上海市委、市政府提出，要实现黄浦江核心区段（杨浦大桥至徐浦大桥之间）45千米（两侧岸线总长度）滨水岸线公共空间的贯通（图2.5、图2.6），建设面向市民和游客观光游憩、健身休闲的开放空间，力求将滨江空间打造成为市民共享美好生活的“客厅与舞台”。

图2.5　黄浦江45千米公共空间贯通范围图

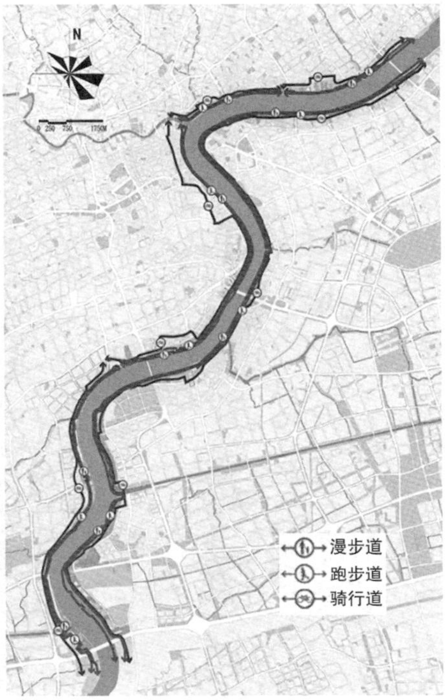

图2.6　滨江三道布局图

2017年12月31日，随着徐汇滨江4.5千米龙水南路—徐浦大桥段、浦东滨江7千米川杨河—塘桥段等建成，正式宣告黄浦江两岸从杨浦大桥至徐浦大桥45千米岸线公共空间全面贯通。曾经千帆竞过的上海母亲河两岸，生产岸线逐步让位于生活岸线，成为上海创新驱动发展、经济转型升级的重要示范区，可供全市人民共享的公共空间。

图2.7　外滩段黄浦江两岸全景图

黄浦江是上海的母亲河，见证了上海的发展与繁荣，也将见证城市让生活更美好的愿景。

上海必将成为上海的上海，中国的上海，国际的上海！

第3章

跨越新世纪的河湖

3.1 流向新世纪的苏州河

2000年是苏州河历史上浓墨重彩的一道分水岭，苏州河干流基本消除黑臭，底泥中重现昆虫幼虫；2001年7月，市区河段出现成群的小型鱼类（鲤形目的高体鳑鲏鱼和鳉形目的食蚊鱼）；2002年，苏州河主要水质指标逐渐好转，稳步改善，达到景观水标准。至此，这条默默地注视着上海这座城市从诞生、成长走向繁荣，并成为世界瞩目的东方明珠的苏州河终于重新焕发了青春，还原了它应该有的美丽。图3.1、图3.2分别展示了20世纪和21世纪的苏州河河口样貌。

图3.1　1934年的苏州河河口

图3.2　2004年的苏州河河口

1. 河道名称的由来

“苏州河”这个名字起于近代，古称松江或吴江，亦称松陵江、笠泽江，至元朝至元十五年（1278年）华亭府改名松江府后，始称吴淞江，其出海口称吴淞口，因此元、明以后习称吴淞江。

第一次鸦片战争后，开埠初期的上海，依然深受封建生产关系的束缚，很多物资比较匮乏。一些外国人发现，从吴淞江溯流而上，穿越青浦，与大运河相连，进而连通长江，可远及五湖四海。因此，他们会坐船逆江而上，到苏州甚至南京置办货物。以后更多的外国人也纷纷循着吴淞江而上，他们发现沿这条河可通达苏州，下意识地将它称作“通往苏州的吴淞江”（Soozhow Creek），本来这个称谓只是在外国人中流传，慢慢地也有老百姓干脆就将吴淞江叫作“苏州河”了。直到1848年，上海道台麟桂在与英国驻沪领事阿礼国签订扩大英租界协议时，第一次正式把吴淞江写作“苏州河”。至此，“苏州河”之名逐渐流行，以至于后人只知苏州河，却不知吴淞江了。

2. 苏州河的历史演变

1）惟吴松一江存

古时的松江是太湖的主要泄洪道，在最早于战国时期编著的地理书《尚书·禹贡》中即有“三江既入、震泽底定”的说法，其中“三江”指松江、娄江、东江，震泽是唐以前对太湖的称谓，也就是说，只要这三条河道畅通，太湖流域自然平安无事。松江就是现在的吴淞江—苏州河；娄江出海口的位置大致在今太仓和嘉定交界的浏河；东江由淀山湖南下杭州湾，支流呈放射状分流，泄洪能力极强。但至唐代，东江和娄江先后淤塞，其中东江淤没最早，至北宋时期已无故道可寻，东江片区演变为相互贯通的湖群地带，形成“谷湖三泖”水域体系，自此，松江成为太湖的主要出海口，“惟吴松一江存焉”（宋郏侨语）。

在东江和娄江先后淤塞的同时，吴淞江（即松江）却江宽水深、鱼虾满河，到处是鱼塘与芦苇，“深广可敌千浦”（宋郏侨语），吴淞江入海处形成一条宽阔的喇叭港，唐朝时入海口宽达20多里（1里≈0.5千米），规模堪比现在的长江口。北宋初期，吴淞江下游地区形成“五里七里一纵浦，七里十里一横塘”的网格化河道系统，地区经济也进入全面发展时期。

2）黄浦夺淞

自南宋中期起，受长江来沙量剧增的影响，吴淞江逐渐淤浅变窄；至元朝时已缩窄至500米左右，导致太湖流域泄水不畅，洪涝灾害频发。尽管元、明两代都曾多次疏浚吴淞江，但总是“随疏随塞”。至明永乐元年（公元1403年），太湖发生特大水灾，吴淞江壅塞是重要原因，明永乐帝派户部尚书夏原吉治理吴淞江。夏原吉疏浚吴淞江南北两岸支流，引太湖水入刘家（刘家港，即古娄江）、白茆二港，直注长江（“掣淞入浏”）。

明弘治年间（1488—1505年），《上海县地理图》记载了16世纪初的上海县城及县域范围，从图3.3中吴淞江和黄浦江的宽度对比，可看出当时的吴淞江仍然宽阔浩荡。

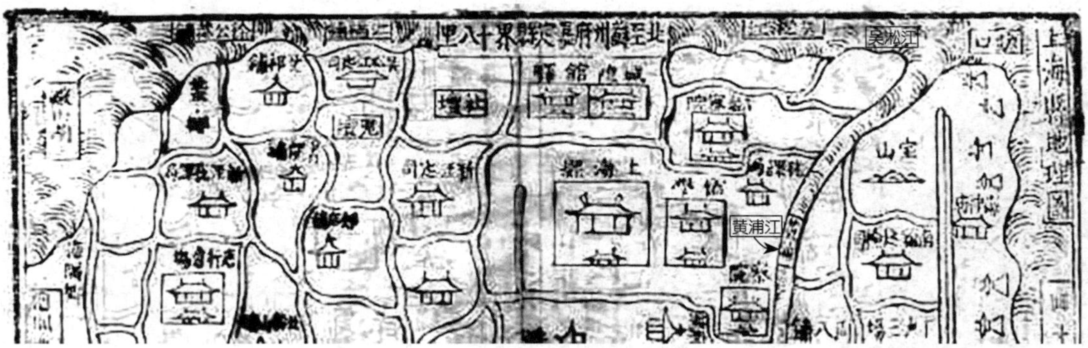

图3.3　明弘治年间《上海县地理图》

此后，巡抚崔恭、工部侍郎徐贯等人先后主持开浚吴淞江，但“吴淞江上流，自吴江区（原吴江县）起，至昆山夏驾浦，下流自嘉定县旧江口起，至上海县黄浦口，俱通利无碍。唯夏驾浦至龙王庙旧江口俱淤塞，几如平陆……”明正德末年（1521年），巡抚都御史李充嗣决定废弃吴淞江下游故道（今闸北虬江路一线），使江水在今潭子湾附近东折改道至宋家浜（今福建路桥一带），然后拓宽宋家浜70余里河道，引吴淞江水至今外白渡桥处与黄浦江合流，初步形成以黄浦江为主、吴淞江为辅的水系格局。至明隆庆三年（1569年），嘉兴、吴江等县大水，巡抚海瑞主持疏浚吴淞江宋家浜新道，将江面缩窄改深，增加水流冲击，并增加曲折，以阻缓潮水，自黄渡至宋家桥（今福建路桥附近）河面宽度减半并加深河床。至此，吴淞江下游完全改入今道，由外白渡桥入黄浦江，彻底失去震泽三江的地位，成为黄浦江的支流，称为“黄浦夺淞”。

3）外滩崛起

光阴荏苒，“黄浦夺淞”后，吴淞江成了黄浦江的支流。然而，到了近代，吴淞江却以另外一种形式重新站到了风云变幻的历史舞台上，见证了上海的崛起和繁荣，以及伤痛和新生。

鸦片战争后，上海成为对外通商口岸，英国首任驻沪领事巴富尔在划定英侨居留地的时候，一眼相中了外滩——这块吴淞江与黄浦江交汇处的黄金宝地。这里襟江带海，无疑是对外贸易和航运发展的绝佳所在（图3.4）。尽管那时的外滩还是一片“芦课滩地”及“泽田”，在县城里的人看来不过是“乡下地方”。然而，就是这片荒僻之地，成为日后英租界的滥觞。大英帝国的领事馆就临吴淞江而居，俨然是“国中之国”的心脏。英租界以此为中心不断向外拓展。因此，从某种意义上讲，近代上海发源于吴淞江的说法并不过分。

图3.4　近代外滩景象

4）今日苏州河

今天的吴淞江—苏州河，源出太湖瓜泾口，全长约125千米。其中，上海境内全长53.7千米，河湖面积3.5平方千米，流经青浦、闵行、嘉定、长宁、普陀、静安、黄浦和虹口八个区，为上海市市管河道，是嘉宝北片、青松控制片、蕰南片和淀北片的分界河道。

3. 美丽的传说故事

古时的吴淞江除了是太湖的主要出海口，渔业也很发达，据说上海的简称“沪”就是由吴淞江的渔业而来。公元4～5世纪时的晋朝，松江（即吴淞江）和滨海一带的居民多以捕鱼为生。古代渔民在吴淞江下游一带，列竹于海，以绳编之，潮涨而淹没，潮落而浮出，鱼困竹栅，以便捕捞，这便是"扈"的雏形，又称"簖"（图3.5）。唐代陆龟蒙的《渔具诗》序称"列竹于海澨曰沪"，又自注"吴人今谓之簖"。可见"扈"是一种绳编竹栅的捕鱼工具，将其牢固插于海滩、河浜等处，犹如虾须一般，能随潮起落，鱼类乘涨潮进入扈内，潮退时鱼就被扈拦住了，渔民便可下海滩捕捞。唐代诗人皮日休的《奉和鲁望渔具十五咏》中有咏"沪"诗句："波中植甚固，磔磔如虾须。涛头倏尔过，数顷跳鯆鲟。不是细罗密，自为朝夕驱。空怜指鱼命，遣出海边租。"又因为江流入海处称"渎"，因此吴淞江下游一代被称为"扈渎"，后加水旁，称为"沪渎"，《吴郡图经续记》中有："至是清臣（叶清臣）转漕本路，以太湖民田为豪右据，而上游水不得泄，建议酾为新渠，从沪渎入海。道直流速，其患遂弭。"今上海简称为"沪"应是由此而来。

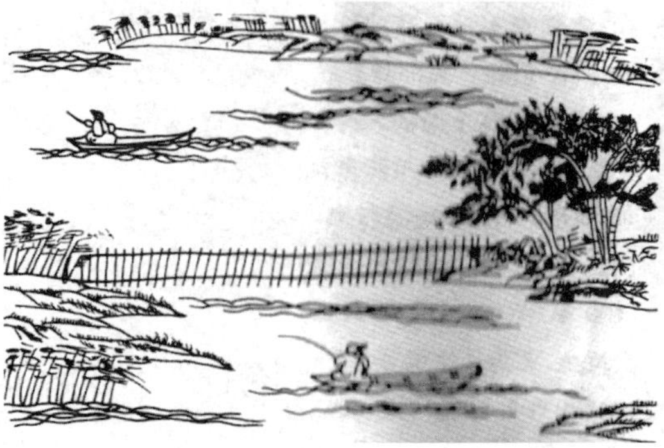

图3.5　捕鱼工具——扈
（来源：上海广播电视台，《上海故事》）

"四鳃鲈鱼"是先人留给吴淞江的另一个美丽故事。古吴淞江水质清澈澄净，鱼虾品质极高。从《后赤壁赋》中可知，吴淞江盛产鲈鱼，苏东坡携两位友人夜游赤壁，一路吟诗作赋，好不快哉，但又叹息，缺少酒菜助兴。此时一位友人说，傍晚捕到一条鱼，大嘴巴，细鳞片，"状似松江之鲈"，可以下酒。此松江即吴淞江。又有《后汉书·左慈传》记载，曹操大宴宾客，"今日高会，珍馐略备，所少吴松江鲈鱼耳"，此处吴指吴地，即现在的江苏、上海一带，松江指吴淞江。古时吴淞江"四鳃鲈鱼"的美味程度可见一斑。可惜，今人只能遥想追思其极致美味了。

4. 苏州河的文化遗迹

吴淞江是古上海的一条重要航道，沿岸由此留下了许多历史文化遗迹。历史上的对外贸易港口和商业重镇——青龙镇（今青浦区白鹤镇境内）就位于吴淞江沪渎口南岸。早在公元219年，孙吴政权在现上海青浦区白鹤镇一带吴淞江南岸建造“艨艟巨舰”（大型船舶）青龙舰，由此发展出一座经济中心城镇——青龙镇（图3.6）。

图3.6　青龙古镇

至唐天宝年间，青龙镇因“依海枕江，襟湖带浦”而逐渐兴盛，故设青龙港，使上海地区第一次拥有了贸易港口的地位，而青龙港也是重要的对外贸易港口。那时，日本、大食（泛指阿拉伯地区）、阇婆、三佛齐（印尼）、交趾、新罗和高丽等国的船舶，经常驶往青龙港。日本僧人圆仁在《入唐求法巡礼行记》中，就曾记述了他于公元847年从青龙镇上船起航回国的情景。再到北宋至和年间，青龙镇“烟火万家，阛市繁盛，人文荟集，风景迷人”，建有36坊、22桥，以及寺、塔、亭、学堂、仓库、税场、酒肆、茶楼等。各方达官显要、蓄商巨贾、骚人墨客纷纷到此游历、居住，那真是“海舶百货交集，梵宇亭台极其壮丽，龙舟嬉水冠江南，论者比之杭州”。至此，青龙镇进入最兴盛的历史阶段，而后随着吴淞江的壅塞和改道，青龙镇不可避免地应和了盛极必衰的历史定律。图3.7呈现了青龙镇遗貌。

（a）青龙镇遗址　（b）青龙塔

图3.7　青龙镇遗貌

随着近代上海开埠，租界进一步扩大，上海迎来了近代史上经济发展最快的时期，苏州河沿岸，也次第矗立起英国领事馆、礼查饭店、百老汇大厦、邮政局大楼、河滨大楼、天后宫、亚洲文会博物院、新天安堂、光陆大戏院、公济医院大楼、自来水厂、自来火房和圣约翰书院等各具特色的建筑（图3.8）。

图3.8　开埠后苏州河沿岸景象

工业是上海近代经济的重要组成部分，但工业的发展离不开水与水路，苏州河作为运输生产原料和廉价劳动力的黄金水道，两岸先后建起了大量仓库、码头以及棉纺、粮食加工、造纸、化工、制药等行业的工厂和作坊，厂房越建越多，烟囱越来越密，既有外资的，也不乏中国人自己开办的。1861年，英商怡和洋行在苏州路（今南苏州路）创办了纺织局，它是中国第一家以蒸汽为动力的机器缫丝厂，初创时有丝车100部和锅炉、蒸汽机等设备，1863年发展至200部丝车。1881年，丝商黄佐卿创建的上海第一家缫丝厂——公和永丝厂设在苏州河北岸，拥有缫丝机100部。至甲午战争前，中国早期的民族工业即诞生在苏州河的北岸。

进入20世纪后，大量中外资本利用苏州河两岸地多价廉的优势及水运之便，纷纷前来开辟各种类型的工厂（图3.9）。1915年，著名实业家荣德敬、荣德升也在莫干山路开设福新面粉厂。1923年，民族资本家吴蕴初得到上海张崇新酱园老板张逸云资助，在苏州河北岸开办天厨味精厂，这是中国最早的味精厂。1926年，吴蕴初在苏州河南岸的周家桥地区开办了天原电化厂，作为天厨味精厂的附属工厂，成为沪西地区最早的精细化工厂区。苏州河沿岸还是我国纺织工业的集聚区，沿岸集中了众多民族资本纺织厂。至今苏州河沿岸还保留了很多近代民族工业的遗址，它们烈火重生后，焕发出新的生机。

图3.9　20世纪30年代苏州河景象

5. 文人墨客的足迹

千年的吴淞江孕育了大半个古上海，水脉悠悠，古往今来的文人骚客也因此吟咏出了许多千古佳句。唐朝大诗人杜甫对吴淞江水念念不忘，在《戏题画山水图歌》中戏称蜀中山水画家王宰“焉得并州快剪刀，剪取吴淞半江水”。杜牧踏访青龙镇时，留下了七绝名篇《吴淞夜泊》"清露白云明月天，与君齐棹木兰船。风波烟雨一相失，夜泊江头心渺然。"皮日休在《吴中苦雨因书一百韵寄鲁望》中吟唱"全吴临巨溟，百里到沪渎"；北宋诗人蒋堂更是在《吴淞江》中借吴淞江优美、宁静的环境，来表现纵情自然山水之乐，向往归隐生活的率性洒脱："江人见我谓谁何，行李无羁野意多。六幅青帆趁潮去，一樽白酒扣舷歌。沙边历历辨云树，岛外溅溅弄月波。兴尽归来还更喜，舞鸥相送入烟萝。"

6. 苏州河的伤痛

苏州河原本水质清澈（图3.10），据说当时的租界当局为建造自来水厂选址，曾对淀山湖、黄浦江、苏州河水质进行采样，并将样本送到英国分析，结果是苏州河的水质最佳。因此，1909年闸北水厂选址在苏州河下游恒丰路桥，并于1911—1914年建成，以苏州河为水源。

图3.10 20世纪初期苏州河景象

但是随着苏州河两岸的工业发展以及人口的迅速增长，大量工业废水和生活污水排入苏州河，加上当时的政府缺乏有序管理，苏州河因此遭受污染，水色和水质日渐变化。1920年，外白渡桥至澳门路段的苏州河河水出现了黑臭现象。闸北自来水厂被迫于1928年移至军工路，改以黄浦江下游江水为生产生活用水水源。"太阳刚刚下了地平线，软风一阵阵地吹上人面，怪痒痒的。苏州河的浊水幻成了金绿色，轻轻地、悄悄地，向西流去。"这是茅盾笔下的苏州

图3.11　1961年苏州河上的运肥船

河，尽管多少带些诗意，但“金绿色”并不是苏州河的骄傲，而是它无法卸下的化学污衣。

1949年后，在苏州河畔及其支流兴建北新泾、长风、安亭、彭浦、桃浦等工业区，以及曹杨、天山等许多住宅小区，苏州河沿岸的工业厂房更加密集（图3.11），人口也更加集中，水质恶化逐渐加剧。当时，苏州河流域集中了上海近千家企业，居民增至300万，住宅与工厂房屋密集，化工、印染、棉纺、造纸、制革、食品和制药等工业兴起，排入苏州河的生活污水和工业废水逐渐增加，在合流污水治理工程实施以前，排入苏州河的废污水量约占全市废污水总量的47%。由于污染源逐年增加，水质污染日趋严重，污染范围也逐渐上溯扩大：1956年污染影响到北新泾，1964年污染带上溯到华漕，1978年涨潮黑水已直达青浦的白鹤、赵屯。

至此，苏州河在上海境内已全部遭受污染，以致形成了一条自河口到华漕长达23千米的常年黑臭污水带，市区河段终年黑臭，鱼虾绝迹，路人掩鼻，在外滩苏州河与黄浦江交界处形成了一道明显颜色“分界线”，黄浦江水是黄的，苏州河水是黑的，成为上海的另类“风景线”（图3.12）。

图3.12　苏州河黄浦江交汇处的黑带

7. 河湖的新生

1988年，按照国务院提出的“抓紧治理苏州河、黄浦江的污染，清除江河黑臭现象”的总体要求，以截断苏州河沿岸污染源为核心，上海市政府启动合流污水治理一期工程建设，至1993年，截流了1 300多个直排苏州河的工业污染源，每天减少直排污水120万立方米，苏州河的水质因而有所改善。

1998年，在污水治理取得阶段性成果的基础上，上海市政府启动苏州河环境综合整治工程。整治工程东起黄浦江、西抵江苏省界、南临淀浦河、北达蕰藻浜，总面积855平方千米。苏州河环境综合整治按照“以治水为中心，全面规划，远近结合，突出重点，分步实施”的方针，坚持“标本兼治，重在治本”的原则，聚焦截污治污、综合调水、清淤疏浚、码头搬迁和环卫设施建设、两岸陆域整治和绿化建设等主要整治措施，至2000年底初见成效，苏州河干流基本消除黑臭，2002年主要水质指标达到地表水V类（景观水）的标准（图3.13）。

图3.13　苏州河干流整治后样貌

2003年，动迁了18家工厂和754户居民后，在苏州河南岸、宜昌路以北、昌化路以西、江宁路桥东侧，曾经苏州河污染较严重的地区，建设起了一片大型的绿地，也是一个专题性展馆，这就是苏州河上的明珠——梦清园（图3.14）。梦清园自2004年建成，一直是介绍和展示苏州河历史和近代治理历程的主要场所。

20多年过去了，随着苏州河环境综合整治四期工程陆续完工，

图3.14　苏州河上明珠梦清园实景

昔日黑似墨水、臭不可闻、鱼虾绝迹的苏州河，如今碧波荡漾、鱼虾洄游，水质得以进一步改善，生态开始修复，滨河绿地、公园大幅增加，河道两岸花红柳绿、绿树成荫，成为两岸居民休闲、观光、晨练、娱乐之处，苏州河圆满完成了自我救赎。

8. 吴淞江和苏州河的名称之争

有些学者将流经上海的吴淞江全部归入苏州河的范畴，认为苏州河是吴淞江的别称；也有学者认为吴淞江和苏州河以北新泾为界，上游称吴淞江，下游称苏州河。目前，上海市水务局官方的名称为"吴淞江—苏州河"。笔者认为，"吴淞江"和"苏州河"分别代指一条河流的上下游，而随着上海城市化进程的加快、区域划分的变化以及太湖新一轮行洪规划的明确，分界点以蕰藻浜为宜，即吴淞江—苏州河自青浦区白鹤镇进入上海境内到蕰藻浜的河段称吴淞江，蕰藻浜至河口段称苏州河。

3.2 铁水联运日晖港

日晖港却是以另一种形态从20世纪踏入21世纪。在20世纪，日晖港曾是一条重要的航道，北连肇家浜，南入黄浦江。但随着肇嘉浜的填埋、周边工业的发展及污水排放，日晖港水质逐渐变差，成为臭水沟。为彻底解决日晖港水质变黑变臭的问题，推动上海城市迈向千禧年，对日晖港进行了部分填没，并完成综合整治，但日晖港从此成为断头浜，仅作为肇嘉浜市政泵站的出水通道，逐步丧失了昔日的重要地位。纵观日晖港的发展历程，其历史可谓悠久，水文化也十分丰富。

1. 河道名称的由来

据清嘉庆《上海县志》记载，明万历十二年（1584年），在西城外六里许，通判邹志学、知县颜洪范建石闸而始见名，这时河道名称还不是日晖港。直至同治年间，《上海县志》载："日赤港又名日晖港，俗称石灰港，港浦水入北流，为新港，有里、外日晖桥，里日晖桥有闸，因居肇嘉浜左腋（即北通肇嘉浜），为防浑潮闯入，浚改为堰。"至此，正式采用日晖港作为河道名称。

2. 日晖港的传说故事

昔日的日晖港曾是一个重要港口，因着港口的便利，日晖港也是老一代上海人记忆中的"屎港"，为什么有这么个不雅的称呼呢？

据史料记载，自20世纪30年代起，就有包粪商在打浦桥西侧设置粪码头，粪船借道航行（图3.15）。彼时上海，承包粪便发财的人不在少数，其中还有在军队当过连长的。粪便也是一种生产资料，这粪便承包商可不是想当就能当的，在"文革"时期的小说《虹南作战史》中就有两个生产队为抢粪发生肢体冲突的情节，可谓一段富有传奇色彩的历史。

1947年，粪船被迁至港边，粪便溢流和垃圾倾入，使日晖港水质受到污染，直到20世纪80～90年代，河道里都还停着一艘艘粪船。

图3.15　旧时日晖港粪船航行景象

3. 日晖港的文化遗迹

日晖港旧时作为上海通往其他城市的一个重要港口，具有举足轻重的工业地位。清同治六年（1867年），江南机器制造总局迁高昌庙沿江地区，日晖港取代肇嘉浜逐渐成为航运干道，码头环周形成内日晖市和外日晖市。光绪三十三年（1907年），在日晖港附近建成第一个铁水联运平台—日晖港货栈（图3.16）。

日晖港货栈是当时上海地区唯一自备专用码头的铁路车站，主要负责黄浦江的货物装卸。1908年4月20日，沪杭铁路首列上海南站至松江站的客车开行，上海南站和日晖港站正式同时开通运营，分别承担着沪杭铁路的客运和货运业务。

图3.16　日晖港货栈旧景

抗日战争爆发后，日晖港铁路也历经沧桑。1937年的“八一三”事变中，上海南火车站被炸毁，日晖港货栈接收货运业务和小部分客运业务，改称日晖港火车站。

1958年，日晖港火车站更名为上海南火车站。1978年起，受上海火车站（新客站）建设的影响，上海南火车站又接收了上海火车东站的水陆联运等货运业务。1983年，上海南火车站对浦江码头进行了大规模改建，使码头具备停泊2 000吨级货轮的能力。2006年，新上海南火车站启用，原上海南火车站更名为南浦火车站。而由于南浦火车站站址与2010年上海世博会选址冲突，车站于2009年6月28日关闭，其货场设备迁至新建的闵行火车站。

如今，日晖港货栈已是上海城市发展史上一个逝去的渺小符号，昔日的铁水联运码头如今模糊地遗留在老上海人淡淡的记忆中，催生的是上海城市的新生和繁荣，是时代生活样式的变革和寻觅。

4. 日晖港的伤痛

日晖港位于上海市区南部，上接肇嘉浜，东南入黄浦江，原先河道长约2 200米，平均宽度22.5米，曾是肇嘉浜（今肇嘉浜路）中段一条入黄浦江的通道（图3.17）。清同治六年（1867年），日晖港取代肇嘉浜渐成航运干道。直到清朝末年，日晖港沿线还是绿树成

图3.17　旧时日晖港河道图

荫，水清有鱼（图3.18）。到20世纪30年代后期，涨潮时，港内仍可见鱼虾。

在20世纪30年代，高昌庙至日晖港沿斜土路、龙华路形成沿江工业带。在民国时期的“大上海计划”中，划为沪南工业区。随着工厂的增加，入港废水剧增，港水严重污染。到20世纪70年代中期，由于实行调控排放，港水一度变清。然而到了80年代，废水骤增，港水又变黑发臭，要求全面治理日晖港的呼声逐渐升高。环保监测数据表明，日晖港自水质至底泥，主要污染物全部超标，水质污染为六级，居黄浦江十大支流污染之首。

图3.18　日晖港旧景

图3.19　日晖港改造工程箱涵埋设

5. 河湖的重生

20世纪90年代以后，上海城市建设的步伐逐渐加快，日晖港的改造也得到了市、区两级人大和上海市政府的重视。1991年9月，市政府最终确定了“填浜、埋管、拓路、绿化”的日晖港环境综合整治方案。

日晖港改造工程共分两期：第一期工程填没长1 100米的日晖港全部河道，并埋设钢筋混凝土双孔箱涵（图3.19），同时对原来的打浦路泵站进行改造，利用南干线过江管，增大管线排放污水的能力，减少明渠排放的污水量。第二期工程是在完成填浜后拓宽日晖东路，设四快二慢的行车道，并在道路中央辟建绿化隔离带。这条绿化带北起肇嘉浜路，南至中山南一路，宽4米，绿地面积达5 400平方

图3.20　日晖港整治前后对比图

米。一期工程于1992年10月开工，于次年12月竣工通水；二期工程于1994年12月建成通车。

日晖港整治改造工程的竣工，标志着昔日“屎港”的一部分变成了通衢大道（图3.20），仅剩的河道长390米，平均宽40米，是黄浦区和徐汇区的界河，南通黄浦江，北至肇嘉浜市政泵站，西靠日晖新村，东沿日晖东路。

2010年世博会结束后，对日晖港进行了重新规划修筑。2016年9月，横跨日晖港建成“Y”形步行桥，连通黄浦滨江和徐汇滨江。今天的日晖港处于徐汇滨江的起点，融入整个徐汇滨江的范围。此处不仅保留了工业遗迹，还与昔日的龙华机场、码头、水泥厂等结合，成为适应现代城市亲水需求的公共空间。各种创新开发理念，使得包括日晖港在内的黄浦江沿岸实现了“工厂变公园、废墟变艺术、旧区变新城”的华丽蜕变。

虽然“屎港”早已不复存在，但这个命途多舛的上海符号，还是很值得我们前去一探究竟，当这枚上海符号在内心深处跳动时，你一定会对日晖港充满不一样的遐想。

3.3　南北贯穿运盐河

在河道密布的浦东，有一条运河南北向纵横浦东大地，它就是浦东运河。1949年以前，浦东运河历经沧桑，河道断面小、调蓄能力差，并且南北数段不相连通。1949年以后，经上海市政府大力整治，于2000年前完成断面扩增和南北贯通，浦东运河以全新的姿态进入21世纪。

1. 浦东运河的由来

浦东运河，俗称运盐河、护塘港，北起嫩江河，经赵家沟后往南过川沙、惠南、大团至大治河，经大治河至奉贤区界，全长约53千米。浦东运河向南出区界后，经泾罗港、四团港折为东西向贯穿奉贤区，称为浦南运河，又被称作浦东运河南段。

关于浦东运河的开凿年代，相关史料说法不一。光绪《川沙厅志》记载："南宋绍兴四年（1134年），由提举浙西茶盐王钰循内捍海塘西侧开凿频海河（即运盐河），南北约200里。"然而，1989年成书的《南汇水利志》记载：1403年（明永乐元年）命夏原吉治苏松水患，浚华亭、上海运盐河。两个史料记载的开凿年份相差近300年。究竟哪个才是浦东运河确切的开凿时间呢?

仔细推敲下来，1403年，夏原吉是奉命疏浚运盐河，并非重新开凿。明代确有开挖另一条运盐河的记载，这就是东运盐河。明嘉靖年间由乔镗领凿，东运盐河开始没有运输功能，专作防御倭寇侵犯之用，所以原名叫"御寇河""备难河"。据光绪《南汇县志》记载："运盐河俗称内护塘港，在老护塘内诸灶港之东，向为盐船出入之路。南自奉贤入邑境，循塘而北，至八团入川沙境，再北至九团黄家湾入宝山界，由界浜通黄浦。"根据这些史料，基本可以推断运盐河开凿于南宋年间，距今已有将近900年的历史。

2. 浦东运河的历史演变

浦东运河原为沿老护塘内侧开凿，那浦东运河与老护塘又有着什么渊源？据《新唐书·地理志》记载："盐官有海塘，堤长百二十四里，唐开元元年重筑。"公元8世纪前后，海岸线推进到北蔡、周浦、下沙、航头一线，沿海人口逐渐增加。至唐开元元年（713年），才有完整的海塘在民圩土堤的基础上重筑，后人称之为“古捍海塘”。宋皇祐四年（1052年），华亭县令吴及带领百姓用两年时间修筑了捍海塘，后人称里护塘。2005年版《上海通志》将老护塘正式定名为“皇祐老护塘”，为浦东境内最早的海塘。

里护塘南自奉贤入大团，往北经惠南、祝桥、六团、龚路、黄家湾一线。修筑海塘需要大量的土方，自古以来，大都采用随着海塘内侧开挖一条河道的方法，既能取土筑塘，日后又方便水运、排涝、引水灌溉。古捍海塘的修筑也采取了这一方法，海塘筑成时河道也随之形成，由此可发现最初的运盐河应该是在1052—1054年形成雏形。有了海塘，可抵御大风大浪之灾，盐业发展很快。

浦东运河（运盐河）贯穿川南奉，与黄浦江连通，有了运盐河之后，下沙盐场各团所产的盐均由各灶港装船，经运盐河外运至全国各地，极大促进了这一流域地区的经济社会发展。同时，浦东运河在古代军事防御方面也发挥着重要作用。据《分建南汇县志》记载，里护塘有外壕叫御寇河，北起现高东黄家湾、南至南汇大团，于明嘉靖三十二年（1553年），早于川沙筑城4年，系应抗倭之需开挖的新河，以此阻断盘踞川沙潼的倭寇船只直抵老护塘烧杀抢掠，故得御寇河之名，又称备难河。河上设吊桥，每团一座，有官军瞭望，平时任百姓进出，如有贼至，去吊桥据塘而守，远可攻以箭炮，近可刺以戈矛，塘上每一桥旁建有穴铺三间，作为官军瞭所。外壕御寇河的河床，至今仍有遗存。也有古人留下的一首竹枝词为证：“倭寇前明扰海疆，迢迢南北备兵防；墩分十二团分九，守望相连老护塘。”

由于老护塘两侧的东西运盐河窄小弯曲，河床淤浅，难以适应工农业发展需要，原川沙县于1977年12月至1978年1月，以两运盐河为基础，裁弯取直，拓阔开挖形成宽阔河道，因纵贯浦东东部，故取名“浦东运河”。

今天的浦东运河，全长37.38千米，平均河口宽40米，河湖面积1.51平方千米，是上海市市管河道，也是浦东水利控制片南北向的重要河道。

3. 浦东运河的重生

运盐河和御寇河历经风雨沧桑，河道多弯曲、断面小且调蓄能力差，加之北段河床淤塞严重，难以满足日益增长的航运、灌溉以及经济社会发展的需要。为此，大致沿运盐河和御寇河两条古河道的走向，开凿一条新的南北通直大河，定名浦东运河。据记载，浦东运河自明永乐年间至民国二十三年，共疏浚10余次，尤其是在清乾隆四十三年（1778年），知县成汝舟曾主持大规模疏浚老护塘港。但至1949年前，河道阻塞，南北分数段互不相通，1949年后，浦东运河经大力整治方“死而复生”。

1958年冬，奉贤县全线开凿浦东运河，至次年4月，挖成县城段，余则貌似低田之耧漕，未能成河。1961年，国家投入20.15万元对大团镇至惠南镇7.8千米段进行疏浚，并对居民稠密的大团、三墩、六灶段进行改道。1973年冬，国家投资46.8万元，挖土81万立方米，浚治南汇县惠南镇至川沙县界段11.5千米紧贴塘身河段之老运盐河，以防沿线公路塌方，同时为避开居民集居区域，凿通护城河，与东门水闸衔接，改道折西径直向北，形成了“之”字型三曲的形态。至此，南汇县境内段运河全部完成，浚治后航段底宽增至12米。

图3.21　测量队调查测量

1977年春，成立川沙县浦东运河工程指挥部，拉开了浦东运河开挖工程的序幕（图3.21）。同年11月，完成了房屋拆迁、地面清障任务。

地面拆迁和清障完成后，紧接着开始了最为艰苦的挖掘工程。挖掘工程共分两个阶段。

第一阶段，从1977年12月初起，至12月中旬结束。全县24个公社组织了机械施工队进驻施工现场，共出动机械施工机具912台，手推翻斗车1 700辆，斗式输送带、电动泥浆泵12台，重点是挖去水面以上土方。期间完成机运土方130万立方米，占总工程土方量的28%。

第二阶段，从1977年12月中旬起历时一个月，组织五万多民工，主要以人工挖掘的方式挖掘水面以下土方和清理边坡（图3.22）。期间共挖掘土方543万立方米，占总土方量的72%。

图3.22　浦东运河水面开挖实景

至1978年1月中旬，浦东运河川沙段按时、按质、按量全面竣工。浦东运河的开挖极大地增强了原川沙县东部沿海（江）地区的蓄水能力，显著改善了航运条件，浦东运河也就此成为一条促进工农业发展的水上动脉。

1986年冬，再度组织开展浦东运河向北黄家湾至高东乡沙港大队延伸段的开挖工程，长度3.1千米。至此，浦东运河全线开通。

浦东运河全线辟通至今，在防汛排涝、航运、蓄水、灌溉等方面仍发挥着重要作用（图3.23）。原来的运盐河和御寇河河道大多隐没、融入浦东运河宽阔的河水中，剩下的也多被填没，仅有个别残存段散落于田野、村落中。然而运盐河和御寇河承载的那段历史，依然叫人难以忘却！

图3.23　浦东运河现貌

3.4　清雅秀美女儿泾

女儿泾位于闵行区西南部，是闵行、松江两区界河（图3.24）。女儿泾见证了“沉鱼落雁”传说，见证了韩湘子的故事，也见证了20世纪90年代韩仓村的消失。进入21世纪后，女儿泾依旧保持清雅秀美。

图3.24　女儿泾

1. 河道名称的由来

都说闵行与水结缘，因水成陆，因水聚人，因水立业，因水定村，因水建镇，因水兴城，闵行与水有关的典故、河道名称的来历也各具特色、不胜枚举。而“女儿泾”，它的名字就大有来头。根据《上海地名志》所载，“女儿泾”又名语儿泾、吴里泾，古称鱼泥泾。虽然听起来河名似乎只是随着时代变迁的谐音变化而来，可在这变化之中，却藏着一段广为人知的典故。

春秋吴越争霸，美女西施为了越王勾践一雪会稽之耻的复仇大业，甘当政治牺牲品。相传范蠡在护送西施的路上，两人于一个月圆之夜，双双坠入爱河，继而西施有了身孕。路途中受狂风巨浪影响，乘船转入内河人家暂避。

这条内河便是原来并不知名，现如今美名传扬的“女儿泾”。又传，有着“沉鱼”美貌的西施，特别爱喝这里的米粥汤，爱吃河里的银鱼，在生养小囡后，虽然做了哺乳妈妈，脚上也时常沾有下河摸螺蛳的河泥，在灵秀朴实中又添几分妩媚婉丽风韵。当地俗称银鱼为“泥鱼”；小西施因生养于河边一户农家，故又俗称女儿泾为“泥鱼泾”。

2. 女儿泾的历史演变

闵行的前生是上海市郊园十县之一的上海县，位于上海腹部，与上海市区西南部犬牙交错。县境北端是东流的吴淞江；上海最大的河流黄浦江，从女儿泾入县境，在闸港折而迤北，经龙华镇东流入上海，把全县分成浦西、浦东两部分。1992年，上海县与老闵行区合并，成立新闵行区，上海县退出了历史的舞台。

女儿泾作为黄浦江支流，北接俞塘，南入黄浦江，自古为上海县与松江（华亭）县的界河，可通行60～100吨级船舶，且有灌溉之利，七百多年不变。

今天的女儿泾全长4 216米，平均河口宽35米，是闵行区和松江区的界河。

3. 女儿泾的文化遗迹

女儿泾畔曾有个“韩仓村”，可惜于1992年和彭渡村合并，不再称韩仓，但女儿泾与黄浦江交界位置的水生态园林——韩湘水博园（图3.25），仍在默默述说着韩湘子和韩仓的故事。

图3.25　韩湘水博园

古代运送粮草主要靠漕运，便需要在邻近江河的地方建粮仓，并由各个小粮仓将征收来的漕粮用小船接驳到大粮仓，再运送到更大的官家粮仓，曾经江南最大的粮仓就是江苏的太仓。

在上海县小南门外，有两条黄浦江的支流，一条是陆家浜（今陆家浜路），另一条是薛家浜（今薛家浜路），运粮的船可以由此进黄浦江，然后漕运北上。如今，这里地名中还留有南仓街、外仓街、多稼路、府谷街等古代粮仓的痕迹。

韩仓是由西向东“横流”的黄浦江第一个仓储基地，因为唐代韩愈的侄子韩湘子年老辞官隐居于此，这里就叫“韩仓村”，如今这里还有一座五孔古桥“韩湘桥”，名气仅次于朱家角的“放生桥”。韩湘子也是八仙之一，字清夫，善吹洞箫，是个风度翩翩的斯文公子。传说他的前世是汉朝丞相安抚的女儿灵灵，才貌双全，皇帝赐婚皇家一个侄子。灵灵不从，圣上大怒，罢了她父亲的官职，发配边远，以至于灵灵抑郁而死，死后投生化为一只白鹤。后来，白鹤遇见了钟离权和吕洞宾，受其点化后，又投生昌黎县的韩会家，当了韩会的儿子，乳名湘子。

韩湘子幼年丧父，由叔叔唐代大文学家韩愈抚养，韩湘子才学过人，考中进士授官后，却无意官场，迷恋仙道，终于修行成了八仙之一。如今，虽然韩仓已经消失，但为了不让韩湘子走远，在原韩仓所在的位置，后人新建了一个水生态园林——韩湘水博园，这里可谓将女儿泾那古雅典美的文化气质继承得最为完整的地方了。

韩湘水博园与众不同之处在于它的桥，独具特色，堪称一绝。园中共有二十余座明清时期所建的古桥，每隔二三十步就有一座，有的地方更是桥连桥。有耸肩驼背的石拱桥，有清秀玲珑的石板桥，也有精致小巧的砖砌桥和油漆栏杆的小木桥，构成了一组极有观赏和研究价值的古桥群，为博物园增添了几分历史的厚重感和江南水乡的文化韵味。

这些古桥原先大多散落于江南村落，历经百年风雨，早已残缺不全，几近坍塌，如珍宝蒙尘卧于荒郊而无人问津。在具有古建筑修复经验的苏州工匠的努力下，这批古桥终于得以移建复原。这些石桥中，有从京杭大运河畔移来的始建于雍正年间的醒狮桥，有从浙江乡间移来的始建于明洪武十一年（1378年）的龙凤桥，还有建于乾隆七年（1742年）的小环桥，以及建于嘉庆二年（1797年）的迨吉桥

图3.26 水博园原貌建造古桥

等。而原址在苏州郊区香泾河上的香泾桥，因年代久远已经塌陷，部分桥石散落民间。韩湘水博园有关人员经过千辛万苦地寻找，终于把那些砖石浮雕搜集齐全，并依据有关资料原貌建造（图3.26）。

4. 文人墨客的足迹

在不少名士留下的诗篇中，也展现了女儿泾美妙的身影，更使其声名远扬。

清代乾隆年间著名诗人黄霆（字橘洲，号雷门，金山人）《松江竹枝词》云："五茸景物最清幽，环海东南第一州。闲向女儿泾上过，为郎婉转唱吴讴。"有"乡野诗人"美誉的丁宜福（号时水、慈水）《申江棹歌》之一诗云："少妇当家极可怜，女儿泾上盼归船。劝郎莫再经商去，多买俞塘南北田。"

虽然如今已经无法再体验当时乘舟游河的悠闲，但默默念着"女儿泾"这个名字，却依然能体会到其中的清雅与秀美。随着女儿泾的整治逐年推进，水环境面貌也越来越好，女儿泾的清雅与秀美也越来越名副其实。

3.5 南望筠溪难忘师

杨思港专用名"杨思"，是上海轨道交通8号线上独树一帜又富有文艺气息的一个站点。在轨道交通线路错综发达的上海，凡是能够在地铁线路上占据一方之地的，不是上海著名的游玩景点，便是经济发达的金融中心。杨思港在20世纪疏浚后，也大大改善了浦东东南地区的内河航运，推动了杨思及周边地区的发展。

1. 河道名称的由来

浦东新区西南部，毗邻三林处有一座小镇——杨思镇，而杨思镇以河道杨思港得名。杨思港是杨思镇上的一条重要河流，曾名杨溜溇，原为黄浦江支流，是东西向的古河道。在川流不息的杨溜溇上，曾经屹立着一座两侧刻有"杨思桥"三字的古石桥，桥上有着一副流传至今的对联："南望筠溪怀里涉，北达沪邑东向荣。"

一座桥、一条河、一座镇，都与杨思二字息息相关。明朝弘治年间，杨思镇还没有这般繁荣景象，那时还是片桑地菜园，棉花、粮食、蔬菜种植业较盛，辖区被杨淄漤一分为二，多少百姓不得不用一艘艘小船在两岸之间摆渡。据传在北岸，一位辛勤持教且助人为乐的杨姓私塾教师，在看到南岸求学心切而无银两渡船的学子时，不忍两岸百姓和学子被河所阻，遂捐款建桥造了那座"杨师桥"，后人不忘私塾教师的功德，为追思此事，将"杨师桥"改为"杨思桥"。杨淄漤河名后改为杨思港，也因"杨思桥"名演变而成。清嘉庆元年（1796年）建立杨师桥市，此地初具集市雏形。

2. 杨思港的历史演变

1917年夏，穆湘瑶任杨思乡经董时，主持杨淄漤（今杨思港）一期疏浚工程，发动乡民兴修河道，雇挖泥船，从杨思港口至日新桥一段，先行捞浅，花银3 000余元。

1918年，穆湘瑶呈请上海县知事沈宝昌，两次邀集三林、杨思、塘桥三乡经、图董暨邑绅会议，公决杨淄漤改捞浅为开浚，会上穆湘瑶被推为河工总督，设河工局于杨思养真别墅（今陈氏别墅）。杨淄漤二期工程历时三年，主要是疏浚和开挖，总计筑大坝2座、小坝43座，削平28处河道障碍。二期疏浚工程完成后，大大增强了其农业灌溉能力和水利之便，也改善了浦东东南地区的内河航运。对杨思及周边地区运输事业的发展起到了至关重要的推进作用。

如今杨思港全长3 867米，平均河口宽20米，已是南北向、流入川杨河的浦东新区区管河道。

3. 杨思港的文化遗迹

同治年间，杨思港沿岸工商业逐步发展，居民日益增多，由私人创办杨鼎隆南货号、杨万隆染坊、杨同兴米庄等，而后恒大纱厂、恒源花厂、宏大轧花厂等相继建立，因此沿杨思港两岸先后建立北街、南街、后长街。进入民国以后，商贸更加发达，烟杂、饮食、豆制品、茶馆等相继开设，特别是"火机花衣"（棉花）闻名沪上，有“火机大王”之称，生产的飞机牌棉纱畅销国内和东南亚。

抗日战争期间，日军在上海禁运粮食，杨思镇成为私运大米集散地，米业畸形发展，民国十年（1921年）修筑上南路，自黄浦江边至南汇全程12千米。同年恒大纱厂建恒大路，而上南路在民国十三年（1924年）改铺铁轨，通行小火车，至此杨思镇陆上交通逐步完善。杨思老街随着水路和陆路的完善，逐步繁荣，待杨思港疏浚工作完成，老街居民逐渐增多。

如今杨思镇已取消建制，与三林镇合并，缅怀古人的杨思古桥也已经不在，唯有那逝者如斯夫的杨淄溇仍奔流到海，而杨思老街伴随着潺潺流水，慢慢成为杨思镇的一道风景线（图3.27）。

图3.27　杨思港街景

在快速发展的上海，怀旧难以追上革新的脚步。杨思港畔的杨思老街、青石板路已经被水泥柏油路所替代，人字形的屋舍似乎也慢慢被高楼大厦所排挤。行走在老街，依旧可以见到那架空设立的电线，以及简易晾晒的衣衫，白发老人也会笑呵呵地望着你。走在老街上，仿佛时间也会变得慢慢悠悠，若不是脚下地铁带来的振动，以及轿车等代步工具的出现，不会觉得这里就是上海，但这确确实实是上海，有着杨思老街的上海。

年轻人会怀旧，却不属于怀旧，只有老人，挪不动枷上岁月的腿脚，才会守着一条日渐冷清、华灯初上也不见辉煌的老街。因而在杨思北街与后长街，总能看到头发渐白的老人守着一座座将倾的老屋，缅怀流逝的岁月。夜幕降临，本就是昏暗的老街在漆黑的夜色里，悄无声息。也许，这条呈现“丁”字形的老街巷道最终也会同那“杨思桥”一样，慢慢淡出历史的洪流，最终定格在一页一页泛黄的纸张之上。而杨思港也似乎老了去，只有河水静静地流淌，默默地守护着旧上海的模样。

3.6 静谧的胥浦塘

胥浦塘从春秋时期流淌而来，是古代金山地区最为重要的河流之一。2 000多年后的今日，胥浦塘虽然已不如古时那么重要，但还能通航百吨船舶，仍是上海市区经金山通往浙江平湖、海盐等地的主要航道。

1. 河道名称的由来

胥浦塘又称胥浦河，在春秋时期已存在，据《嘉庆续修扬州府志》记载："胥浦在县西十里，源自铜山以西，下出于江，旧有伍子胥庙，浦因以名。相传子胥解剑渡江处。"胥浦河相传为吴国伍子胥所凿，据《金山县志》载："周敬王二十五年（前495年），吴国大夫伍子胥凿河，自长泖接界泾而东，尽纳惠高、彭港、处士、沥渎诸水，后人称为胥浦。"

2. 胥浦河的历史演变

胥浦河一般被认为是上海最早的人工河道，这条河现在看着不宽广，但在古代，却是一条滂滂大河。

根据司马迁《史记》记载，公元前494年，吴国发动精兵强将攻打越国，把越军打得落花流水。这年，吴王夫差为何能打败越国，据说一条“黄金水道”帮了大忙，这就是相传吴国大夫伍子胥主持开挖的胥浦，从吴国首都姑苏（今苏州），经今青浦、嘉善、金山出杭州湾直通越国。此外，胥浦还从吴国往西至楚国开过胥溪，往北至齐国开过邗沟。

今天的胥浦塘是上海市市管河道胥浦塘—掘石港—大泖港中临近浙江省的一段，位于金山区吕巷镇境内，西起泖口，东接掘石港，长约8.7千米。而胥浦塘—掘石港—大泖港是黄浦江上游三支流之一，全长19.39千米，是承泄太湖流域洪水的重要通道，也是上海市区经金山通往浙江平湖、海盐等地的主要航道。

3. 胥浦河的文化遗迹

自“胥浦”开始，伍子胥便与金山地区紧密相连，历来还出现过胥浦塘、胥浦里、胥浦县、胥浦乡、胥浦村、胥浦小学、胥浦中学、胥浦庙、胥浦庙渡等一系列地名，2 500多年来一直产生着深远的影响。

春秋战国时期是一个百家争鸣、人才辈出、将星云集的时代，伍子胥就是其中的杰出代表（图3.28）。伍子胥原是楚国人，名员，其父伍奢，兄伍尚，均以直谏闻名。楚平王时代，因受奸臣费无忌陷害，伍奢被逮捕，并被作为人质，以要挟二子。结果伍尚束手就擒，与其父一同被处死，而伍子胥则仓皇逃走，并立誓报仇。他先逃到宋国，后又逃到郑国。本来郑国对他很好，但因牵连到政治阴谋中，遭到郑兵追捕，无奈之下投奔吴国。后来，伍子胥辅佐吴王阖闾，修法制以任贤能，奖农商以实仓廪，治城郭以设守备。吴国日益强大，终于打败楚国，并攻入楚国首都郢。当时楚平王已死，伍子胥乃掘墓鞭尸，终报父兄冤死之仇。当然对伍子胥的此种做法，历史上也是褒贬不一。

到了吴王夫差的时候，伍子胥因屡次劝诫夫差不要急于远道伐齐，应该先灭越国以绝心腹之患，加上奸臣伯嚭的反复构陷，慢慢被夫差疏远，并最终被赐剑自尽。据《史记·伍子胥》记载，伍子胥在临死之前，满腔悲愤地说：“抉吾眼悬吴东门之上，以观越寇之入灭吴也。”夫差闻之大怒，命令将伍子胥的尸体用鸱夷革盛放，浮于江上。

图3.28　伍子胥像

后人崇敬伍子胥的品德，感激他所做出的贡献，同情他的不幸遭遇，在江浙一带建了许多祠庙，以资纪念。特别是在苏州，以他的名字命名城和山水，有胥门、胥山、胥江、胥溪之称。

在金山区吕巷镇马村就现存一座胥浦庙，初建于明朝，相传一为纪念伍子胥大夫；二为纪念北宋大将曹彬而建，故又名曹大明皇庙。清同治元年（1862年）胥浦庙毁于战乱，光绪二年（1876年）重建（图3.29）。

图3.29　胥浦庙

4. 美丽的传说故事

相传春秋时期，伍子胥逃到胥浦（当时应不叫该名）后，向一浣纱女问路，浣纱女指完路后，为表明自己绝不走漏口风，便纵身跳河而亡。伍子胥得志后，在此地建祠以祀之。

伍子胥逃至仪征江边时，见一渔翁，请求渡船过河。渔翁边摆渡边歌唱，伍子胥十分感激，欲将身上的白金剑赠与渔翁以作报答，渔翁拒不接受。当问其姓名以作日后报答时，渔翁亦不肯告知。伍子胥担心渔翁将其行踪泄露，渔翁见到伍子胥的神色，叹道：楚王正在悬赏钱金捉你，我若贪财，只需报告你的行踪。之所以舍命救你，是敬重你的为人。伍子胥只好辞行，未走几步，忽闻江中扑通一声，回头一看，小船已翻。原来渔翁把船划到江中心自沉了，以示自己绝不告密之心。后人为纪念此事，就在江边建祠立祀。人们为纪念伍子胥和那位老渔翁，每年端午，都会在这里举行龙舟竞渡比赛。

5. 河湖的重生

胥浦塘虽是吴越争雄的产物，却在客观上起到了沟通太湖与浙江西部诸水的作用，使上海西南部上游来水在杭州湾分流入海，对于联结沪杭航运至今仍具有重要意义。经过整治，古老的胥浦塘又焕发了青春，可通行100吨级船舶，是水运和航运的重要河流（图3.30）。

图3.30 静谧的胥浦塘

3.7 环绕太阳岛的泖河

泖河因地处九峰三泖，曾名泖湖、团泖，为“华亭三泖”（圆泖、大泖、长泖）之一（图3.31）。河中有南、北两个沙洲，面积南小、北大。北洲绝大部分属青浦，名泖塔圩，将泖河分为东泖河、西泖河，原东泖河狭深、西泖河宽浅，现均疏深。洲上旧有唐澄照禅寺和泖塔，现在寺毁塔存。据1990年《青浦县志》记载，五层方形泖塔为唐乾符年间（874—879年）福田寺僧如海所建。西泖河与太浦河交汇处是太浦河的最东口，东泖河则与朱泖河交汇，具排涝、灌溉、通航三大功能。

图3.31　泖河

图3.32　泖塔

1. 河道名称的由来

泖，意为水面平静的小湖。泖河又称泖湖，秦朝时为谷水的一部分，名华亭谷，当时水势浩渺，极为宽阔。历史上松郡三泖，是指今松江、青浦、金山至浙江平湖间相连的大湖荡，据大小、形状把上、中、下三泖依次称为长泖、大泖、圆泖。泖河虽随地、形而名称不同，但实为一水。一部分流经今金山、平湖，因形如长带，故名长泖，因其位处上游，故又称上泖；一部分流经今松江、金山，水面浩阔，称为大泖，因其位处中游，故又称中泖；一部分流经今松江、青浦之间，形呈圆形，故称圆泖，因位处下游，又称下泖，经历代疏浚，保存至今，是古泖河现存的部分，今称泖河。

2. 泖河的历史演变

泖河经长年淤积，变迁很大。据南宋绍熙《云间志》记："古泖，县西四十里，周回四顷三十九亩。今泖西北抵山泾，南自泖桥出东南，至广陈，又东至当湖，又东至瀚海塘而止。"朱伯原《续吴郡图经》记："泖在华亭境。泖有上、中、下之名，泖之狭者，犹且八十丈。"因此，谷水湮塞后，形成了"三泖九峰"自然名胜。

古长泖萦绕百余里，后逐渐淤涨成田，至清代只剩阔如支渠的水流；古大泖，历史上早已淤塞，全部围垦为荡田，亦称泖田；古圆泖，经历代疏浚，保存至今，即今泖河。据清嘉庆府志记载，当时圆泖周不过二十里，即旧志所谓近山泾之泖，其东支渠曰石臼、周头、曹坟、庵港、长洲溇、濮家湾、庙泾诸港，皆南受浙江、嘉善之水；东受元和、叶厍、王家、金钱、长洲诸荡之水，地与元和交错；自长洲荡折而东北，其支为吴家湾、泖甸、清水港、拦路、山泾诸港，皆北受薛淀、练湖之水；又东为鸳塘、石堰、胡家路、周葫芦、骆驼泾诸水，北受南北曹港之水及赵屯浦水，汇于泖。

泖河是旧时太湖入海的重要水道，潺潺的流水不疾不徐，一年四季不停地流动，从湖泊流向大海……泖河地区也是古上海人类的重要活动区域，据考古发现，泖河底下有马桥文化印痕的陶片和石锛，还有春秋战国吴越文化的瓷林和残片，表明了在约4 000年前，华夏先民就在此劳动生活，依附悠悠泖河水，繁育衍生。

至于近代，淀山湖水由拦路港流入泖河，上起青浦小蒸，由西北流向东南，下讫古浦塘、斜塘，经横潦泾入黄浦江，全长10.5千米。斜塘河面宽180米，水深流急。自界泾到泖塔圩一段，称古泖或南泖，河面宽400米。中经小独圩（旧名大草墩），已淤涨成陆，东西长550米，主航道在其北岸一侧，河面宽120米；南航道宽300米，已坝断养鱼，今属古松乡。自泖塔圩迤北，至拦路港一段，分东西航道。东航道俗称小泖或东泖，宽150～200米；西航道俗称大泖或西泖，宽400米左右。泖塔圩为泖河中一小洲，原名淘饭圩，呈梭子形，左右二段各约宽320米，中段宽约400米，总面积达1 000多亩，分属昆冈乡和青浦县沈港乡、练塘乡。东西两航道即大、小泖在南嘴合流，称为“三泖并一泖”，两岸距离700～800米。

今天的泖河是上海市市管河道拦路港—泖河—斜塘中的一段，而拦路港—泖河—斜塘是黄浦江上游三支流之一，全长29.21千米，是承泄太湖流域洪水的重要通道，也是连接淀山湖和黄浦江干流的主要航道。

3. 美丽的传说故事

关于三泖的形成，流传着一个久远的传说。相传，在很久以前，由拳县城忽然传开了一首童谣，意思是说，哪一天城门上出现血迹时，这座县城就会陷落，平地将成江河。小孩子们嘻嘻哈哈地唱着这首童谣，大人根本没有信以为真。

而城里有一名老妇，是个有心人，听了童谣以后，就天天去看城门上是否有血，从而可以早点通知大家早点离开这里。她天天去看，引起守城门的官兵的怀疑，几个小兵把这个老妇抓了起来，再三追问，老人没办法，只好说出了心里话。守城兵本来也听说过这首童谣，因而对老太太的话也根本不放在心上，把她赶了回去。

老太太走后，守城的官兵感到可笑，城门哪儿会出血呢？官兵商量着干脆在城门上涂一点狗血，吓吓那个老婆子，寻寻她开心，看她怎么办？

第二天，守城官兵真的在城门上涂了一些狗血，老妇走来一看，以为城门上真的出血了，赶忙回家，收拾金银细软，叫周围邻居赶快逃走！于是，大家扶老携幼，向城外拥去。说来也怪，这个县城真的不断地下沉，大水不断上涨，等他们出了城门，跑到练塘东面的东环桥时，整个由拳县城已经成为一片汪洋。所以直到现在，人们还常说："踏上东环桥，朝东一望白。"

从此，由拳县城沉入了泖河河底。据说每当冬天河面干浅时，在天气晴朗的日子里，人们还能见到水底石街。一直到明朝万历元年（1573年），青浦县令石继芳还派人从泖河中打捞起大批石头，筑起了青浦县新城。

东晋干宝所著《搜神记·卷十三》也有类似的记录：由拳县，秦时长水县也。始皇时，童谣曰："城门有血，城当陷没为湖。"有妪闻之，朝朝往窥。门将欲缚之。妪言其故。后门将以犬血涂门，妪见血，便走去。忽有大水欲没县。主薄令干入白令。令曰："何忽作鱼？"干曰："明府亦作鱼。"遂沦为湖。

4. 泖河的文化遗迹

泖河河中心存有一处小岛，名为"太阳岛"，被泖河、太浦河、拦路港环抱，在一片汪洋的水中央，常年浸沉在水中，或隐或现。太阳岛上最具文化内涵的是建于唐乾符年间的泖塔。

据《上海文物博物馆志》泖塔遗址考古发现记载，1995年3月，在青浦泖河中太阳岛上泖塔的东南24米处，"发现马桥文化与春秋战国时代的吴越文化层"。这说明太阳岛周边泖河地区古代是陆地，是人类居住地。《上海通志》第二卷自然环境也有类似说法，上海市西部湖沼平原，距今近2 000年（即秦代），“地体下沉，东江淤废、吴淞江萎缩及海平面上升”，“平原沉沦，湖沼再次扩展”，“宋代后，泖湖逐渐淤塞，围垦成田。元明时期淀湖周围200里，清中叶缩减至70余里”，“明清后，多数湖、荡消失”。表明淀山湖、泖河及周边地区原为陆地，战国时期以后开始积水，秦、汉、魏、晋朝时逐渐沉没并成为洼地、湖泊，自宋代起，青浦西部地区陆地沦陷为湖泊的趋势开始逆转。淀山湖、三泖地区一带湖泊逐渐缩小，不少成为荡田、陆地。

古泖湖、三泖历经长年淤积、围垦，大多成为荡田或陆地，只有圆泖经历代疏浚，得以保存至今，只是它已经比唐朝僧人如海建泖塔时大有缩小。

唐朝乾符年间，知名高僧如海在泖河中筑台建塔，凿井建亭。因为该塔筑于泖河中的一个小岛上（现名太阳岛），故而取名“泖塔”（图3.33）。泖塔塔身方形、高五层，造型颇具唐代风格，恰似拔地而起的巨型金刚。后来高僧如海手头有些宽裕了，又在泖塔四周建了不少的殿阁禅院，正儿八经地喊出“福田寺”的名字。千百年来，那盏塔灯日夜不熄，成了泖河一景。清道光十五年（1835年），江苏巡抚林则徐到青浦勘察水利时，曾登塔看泖河水势。泖塔既是灯塔又是佛塔，一身二用。1997年10月，泖塔被国际航标协会列为世界历史文物灯塔遗产，名声在外。

图3.33　泖塔

南宋景定年间，官方正式赐“福田寺”匾额，传到明朝僧人智明一代，又在福田寺钻地打洞大兴土木，建大雄宝殿，造宝藏阁，建筑群日长夜涨，变得越发庄严，堪称泖河一绝也。

从此，金铃宝塔四只角，风吹金铃嗡嗡响；木鱼撞钟诵经声，香烟袅袅绕黄袋；三泖九峰十八弯，曲曲弯弯皆是景。

5. 文人墨客的足迹

晋武帝时，三泖为冬温夏凉的避暑胜地。唐宋以后，随着当地经济、文化的发展，泖湖和附近的九峰都成了著名的游览胜地。泖湖中有一小洲，原为“断岸三百里”的泖湖中心，后因小洲上筑台建塔，故名泖塔圩。这一带平畴绿野，三泖环抱，远峰近水，水光塔影交相掩映，而小桥流水，炊烟阵阵，水清如镜，既有山水画之旷远，又有浓妆淡抹之秀丽，晴空雨虹，变幻莫测，吸引了很多文人墨客、商贾显贵。历朝历代不少著名诗人、文学家皆慕名来游，留恋此地，吟咏不绝，留下许多名篇佳作，著名诗人陆龟蒙曾游泖湖，有诗云：“三泖凉波鱼绝动”。元代杨维桢、倪瓒，明代顾清、董其昌、陈继儒等名家，都曾在此留下美好的诗文，而朱熹、赵孟頫、陆树声、王安石、董其昌等都在福田寺里题款树碑，他们共同奠定了“泖峰文化”的基础，为泖河地区文化积淀，注入了一笔厚重的“压箱底”财富。

第4章

焕发新颜的河湖

4.1　城区唯一的独立水系

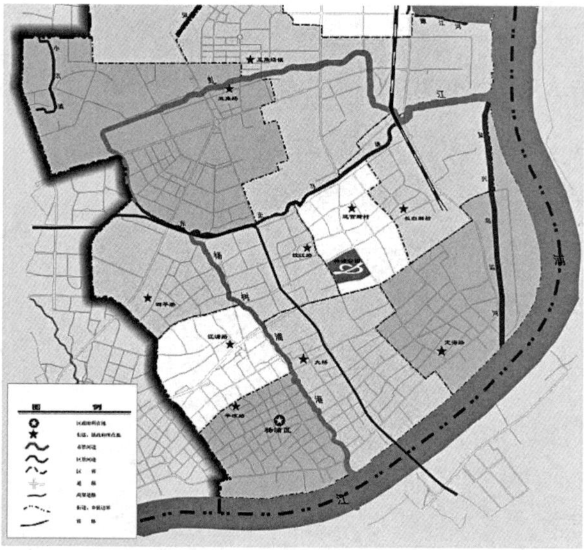

图4.1　杨树浦港水系示意图（2000年）

上海城区东北角是大杨浦，区域内有城区唯一的独立水系，由杨树浦港、虬江、东走马塘组成，简称杨树浦港水系。20世纪90年代，由于城市建设与工业迅速发展，沿河遍布高能耗、高污染的重工业，加之两岸居民日益增多，河床日趋狭窄，河水污染严重，黝黑发臭，杨树浦港周边的水环境承受了巨大压力。1997年开始，上海市政府启动杨树浦港拯救性治理，至2003年基本完成整治，整个杨树浦港水系容光焕发，重获新生（图4.1）。

1. 河湖名称的由来

杨浦区的区名，最早来自一条河的名字，这条河就是杨树浦港。杨树浦港曾有许多别名，诸如杨名港、杨名浦、杨木浦、兰路港、兰州河等。杨树浦港之名，始见于清康熙《古今图书集成·山川典·松江部》:“下海浦、曲浦、杨树浦港、尹祥浦并北通旧江。”据《上海地名志》记载:“19世纪末叶后，人口增多，工商繁荣，‘杨树浦’遂逐渐成为区片名称，为使区片名和河流名有所区别，将河流

‘杨树浦’改称‘杨树浦港’。”

东走马塘，又名外走马塘，因江湾镇走马塘往东延伸得名东走马塘，可惜在上海城市化的进程中，东走马塘和走马塘连接部分已被填埋，只能遥遥相望了。

虬江，曾是古吴淞江的一部分，因古吴淞江淤塞，下游形成无数条弯曲的河流，因曲折多弯如“虬”，因此把吴淞江下游河道称作虬江，但历经沧海桑田后，古虬江现仅存东段和西段，东段仍保留原名，就是今天的虬江，西段改名西虬江。

今天的杨树浦港水系已演变成一个相对独立的水系，虬江、东走马塘首尾相连，形成环状，通过虬江东段及杨树浦港接入黄浦江，是沪东地区的主要河道，水系全长17.25千米，其中暗河长2千米。杨树浦港和虬江是上海市市管河道，分别长4.52千米和5.9千米，东走马塘是杨浦区区管河道，长4.73千米。

2. 杨树浦港水系的伤痛

20世纪90年代，由于区域截污工程不完善，大量污水直排虬江，加上河床淤积、虬江水环境污染严重，影响了沿线单位和居民的生产和生活。1994年，第二军医大学为了减小河道水环境对校园的影响，在虬江河道新建了约500米的箱涵，也就是给河道加了个盖板，并在盖板上修建了学校大门。

虬江河道上另一个伤痛是复旦大学箱涵。20世纪90年代初，为配合上海合流污水一期干线工程建设，穿越复旦大学的虬江河段与污水干线合并设为地下三孔箱涵（两孔为河流污水一期输送管，一孔为河道箱涵），箱涵规模为（4.25+4.25+5）米×3.5米，虬江复旦大学段从此成为地下暗河，长达2 003米。现状箱涵基本位于杨浦区复旦大学校园内，上部主要为复旦大学的球场、绿化及部分道路，校外也有少量建筑。

“加盖”后的虬江水环境问题频出，箱涵段的河道断面大幅缩窄，水流缓慢，淤泥堆积严重，加之排污口不能有效监管，箱涵内缺氧导致水环境恶化，但箱涵内实施疏浚工程难度很大，工程造价也很高，严重影响杨树浦港水系水资源调度，进而影响了虬江水体自净能力。

3. 杨树浦的文化遗迹

因杨树浦港得名的杨树浦，曾经是工人运动的发祥地。“若要苦，杨树浦。”是曾经流传在杨树浦坊间的一句民间谚语，深刻地揭示了沪东工人的生活状况。杨树浦地区的工人从19世纪60年代起开始了反封建、反殖民的反抗斗争。正因有着光荣革命的传统，杨浦成为沪东工人运动的起点，也是中国近代工人运动的发祥地之一。

1895年，中日马关条约签订后，外商大举在华开设工厂，紧临黄浦江的杨树浦路南侧一带，迅速建成了毛条、毛纺、丝织、造船、发电、煤气、自来水、化工、制皂等40多家大中型工厂，成为中国最大最具规模的工业区之一。

1）棉纺工业

1915年，爱国青年棉纺企业家穆藕初（1876—1943年）在杨树浦浦兰路（今兰州路）投资20万元，新建德大纱厂。德大纱厂生产的宝塔牌棉纱，质量超过英国、日本，在北京商品陈列所举办的产品质量比赛会上被评为第一名，被誉为“上海各纱厂之冠”。1916年，穆藕初又在华德路（今长阳路）投资120万元建造厚生纱厂。由于产品质量优良、工厂管理先进，在当时成为国人办厂的样板。而高郎桥地区位于杨树浦港与周塘浜（近代填没筑长阳路）的交汇之处，是沪东棉纺织工人的生活区，其以棉纺织工厂区为轴心，以女工职业群体为主体，以棚户简屋为主，工人们辛苦劳作之余聚集于此，生活的琐碎在此消磨，革命的思想在此碰撞，使这里成为沪东工人运动的摇篮。

1920年上海厚生纱厂到湖南招收女工一事在湖南省会长沙引起强烈反响，社会各界在长沙《大公报》《湖南日报》、上海《时事新报》等报刊就此展开激烈辩论。时任《新青年》主编的陈独秀选择其中15篇文章，加上自己的评论《我的意见》一并以“上海厚生纱厂湖南女工问题”编入《新青年》的劳动节纪念号（第7卷第6号，图4.2），该文揭露了工人与资本家的贫富悬殊和尖锐对立，宣传了马克思主义的剩余价值学说，指出劳动问题的症结所在是无产阶级与资产阶级的矛盾，是无法调和的，唤起工人为反对剥削、争取自身权利而斗争。这组文章反响甚大，影响深远，后人甚至认为此文标志着陈独秀马克思主义思想的初步形成。

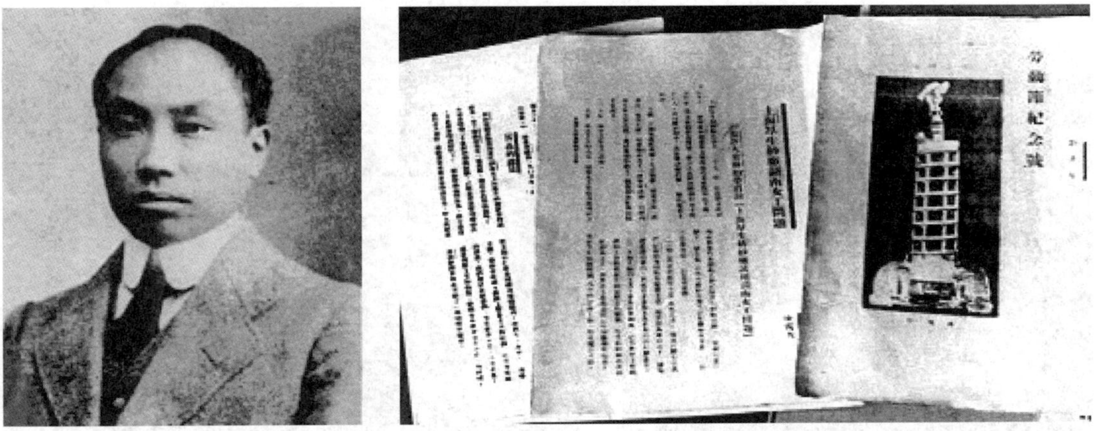

图4.2　陈独秀（1879—1942年）与《新青年》杂志劳动节纪念号

2）钢铁工业

钢铁工业在20世纪50年代有“元帅”之称，是当时重点发展的产业。1940年，上海第二钢铁厂（简称上钢二厂）建于黄兴路221号，厂区自黄兴路延伸杨树浦港岸边，其前身为建于民国二十九年的大明三星白铁厂。新中国成立前上钢二厂就从事线材生产，年产线材7 000吨。后来，几经扩建和技术改造，上钢二厂成为上海唯一的线材生产专业厂，其中用于加工电焊条的线材获得了国家银质奖。

3）造纸工业

杨树浦工业带发端于上海机器造纸局，清光绪八年（1882年），曹子撝、曹子俊、郑观应等筹资15.57万两白银，经李鸿章批准设立官督商办的中国机器造纸企业，即上海机器造纸局。上海机器造纸局择上海杨树浦路408号处建厂，是中国第一家华商开办的造纸企业。该企业主要设备有多烘缸长网造纸机1台，烘缸8只，是英国莱司城厄姆浮士顿公司1877年出品。1915年，刘柏森租办了该厂；1920年，他又以82万两向日商三菱公司购得华章造纸厂，定名宝源纸厂东厂，原杨树浦路厂即为宝源纸厂西厂。1938年，刘柏森之子刘孟靖与日本人合作，一度更名“天章长记纸厂”。1947年，该厂被赎回，新中国成立后收归国有，定名天章造纸厂。1981年，天章造纸厂与上海记录纸厂合并，正式挂牌天章记录纸厂。天章记录纸厂为全国第一家和最大的生产仪表记录纸、电子打印纸的厂家（图4.3）。

图4.3　杨树浦路408号上海天章记录纸厂

4）造船工业

造船工业最突出的代表是上海船厂，而上海船厂的前身是英商英联船厂和招商局机器造船厂。最早的英商英联船厂由耶松船厂、瑞镕船厂、万隆铁工厂、董家渡船坞等厂坞合并而成。太平洋战争爆发后，日军接管英联船厂，其杨树浦总厂改称三菱株式会社江南造船所杨树浦工场。抗战胜利后，归还英商并恢复原来的厂名。1952年8月15日，上海市军管会接管英联船厂；1954年1月1日，军管英联船厂主厂（今浦西分厂）并入上海船舶修造厂。

招商局机器造船厂创建于1914年，1936年奉命将机器、设备、材料迁至招商局汉口分局四号仓库装置开业。1939年，在重庆龙门浩设厂，改名国营招商局机器厂。抗战胜利后，招商局迁回上海并接收3个小修理厂，1949年5月29日，上海市军管会接管招商局机器造船厂，改名招商局轮船股份有限公司船舶修造厂。1951年11月，工厂改名为上海船舶修造厂；1954年接收军管英联船厂主厂；1985年3月改名为上海船厂。

5）发电厂

清宣统三年（1911年），上海公共租界工部局电气处筹建杨树浦发电厂，于1913年建成发电，容量4 000千瓦。至1934年，装机容量达到18.35万千瓦，为当时国内最大的火力发电厂。

6）自来水厂

位于杨树浦路上的杨树浦水厂至今仍在为上海市民服务。1883年，杨树浦水厂建成供水，为英国古典城堡式造型，是中国最早的现代化地面水厂。

在新文化的浪潮下，杨树浦港地区不仅在工业上走在时代的前端上，也引领了工人运动的新阶段。

在1925年五卅运动期间，李立三与刘少奇召开各工会联席会议，通过了成立上海总工会的决议。杨树浦地区是上海总工会第一办事处，管辖恒丰、新老怡和、申新等纱厂，还有瑞镕铁工厂、自来水厂等单位。期间沪东分设中共杨树浦部委、中共引翔港部委，工厂党支部先后发展为21个（纱厂8家），中共申五厂党支部（1925年10月建）、中共厚生厂党支部（1925年8月建）均属于中共引翔港区最早的党支部。在上海总工会领导下，上海各业各厂的工人不断投入罢工，在迅速高涨的总罢工浪潮中，杨树浦地区的纱厂工人始终是一支重要力量。

4. 杨树浦港水系的新生

杨树浦地区是上海城市总体规划中的中心城区，具有人口密集、经济密集、建筑密集、资产密集的特点。但在20世纪90年代初期，杨树浦港水系防汛排涝标准不高，河道淤积严重，两岸防汛设施不完善，河网水体常年黑臭、环境质量极差，与该地区城市建设日新月异的面貌以及经济发展不相适应。1997年，为加大区域防汛除涝能力，满足城市更新需求，提高河道水环境面貌，杨树浦港水系全面启动综合整治工作。由各方协同完成沿河动拆迁，工程上采用护岸建设、河床疏浚、绿化培植、水生态修复等措施，提高了河网水系在暴雨期间的行洪排涝能力，在维护好水安全的同时也改善了水环境，修复了河道的生态平衡。至2003年，杨树浦水系旧貌换新颜，重新焕发勃勃生机（图4.4）。2005年杨树浦港和虬江在近黄浦江处的河口分别新建了泵闸，在“血脉畅通”的基础上，又有了

“血压”，无数新鲜血液流动了起来，日夜滋润着大杨浦，陪伴着大杨浦日新月异的发展。

图4.4　杨树浦港整治前后

直面历史伤痛，随着新世纪河湖水环境综合治理工作的大范围推进，市、区两级政府联合复旦大学启动研究虬江河道贯通工程，但因涉及合流污水一期运行以及复旦大学校区规划等，多次协调，进展尚不够理想。至2007年，在有识之士的共同努力下，虬江第二军医大学箱涵段，在中原路以西部分实施了开盖工程，时隔十几年，该段河道重见天日。遗憾的是中原路以东约100米的箱涵因为高层建筑紧挨箱涵，暂时只能维持盖板原状，静待来日。

在河道水环境质量不断改善的基础上，为提升河道滨水空间亲水活力，“十三五”期间，杨浦区积极探索河道滨水空间改造，试点建设杨树浦港样板段，通过对原有绿地景观提升改造、护岸加固改造等措施，将杨树浦港打造为城市综合型生态、休闲、人文河道，营造了水清岸绿的亲水环境，将“工业锈带”转换为“生活秀带”。2017年上海全面推行河长制时，家住杨树浦港边的原同济大学教授、博士生导师吕伟民，是上海首位名人河长，昔日“人民城市”的建设者、见证者参与到河湖治理中，通过“名人河长”带动效应，引导社会参与护水治水，曾经聆听着太平报恩寺跌宕钟声、见证着百年民族工业沉浮的杨树浦港水系，明天必将更加辉煌。

图4.5—图4.7分别展示了杨树浦港水系经护水治水的变化。

图4.5　杨树浦港整治前后

图4.6　虬江整治前后

图4.7　东走马塘整治前后

4.2　美丽的三江口

2003年基本完成整治的城区另一个水系是龙华港水系，包括龙华港、漕河泾港和蒲汇塘，这三条河道汇成的位置形成了徐汇区最美丽的“三江口”。

“三江口”所处地区是徐汇区兼备高科技工业、文教、旅游、住宅等功能的区域，城市化建设范围已覆盖地区的95%以上。但在20世纪末期，美丽的“三江口”也没能摆脱河网水体常年黑臭、河道淤积严重的厄运。21世纪伊始，随着近400年历史的漕河泾老街动迁，龙华港水系迎来新生。

1. 河湖名称的由来

龙华港旧称百步塘，又称百婆塘，明正德《松江府志》卷二云：“龙华港，东南至百婆桥，入于黄浦，故亦名百婆塘。”后来百婆桥也称百步桥，百婆塘亦叫百步塘。昔日，龙华港在百步桥（又名百婆桥）分成两股。一股向西北流至小闸桥东汇入蒲汇塘。那里曾是蒲汇塘下游入海故道，在清光绪年间因兴筑沪杭铁路和天钥桥路、龙华路等被填没。另一股往西流过龙华寺山门左侧的香花桥（又名惠民桥，今已拆除），横贯龙华镇后再向西，接漕河泾港，北纳穆家塘，过虹桥镇，西经七宝、莘庄、泗泾后抵松江，北经新泾港通达苏州河。20世纪初，从南市各码头搭乘轮船，经高昌庙、日晖港，两个小时便可到达龙华香花桥。

另外一种说法是龙华港得名于上海最大的古刹龙华寺。龙华寺是上海地区历史最久、规模最大的古刹，与龙华港仅一路之隔。龙华寺的名称来自佛经中弥勒菩萨在龙华树下成佛的典故。据传龙华寺是三国东吴赤乌五年（242年）孙权为其母所建，距今已有1 700多年；另说建于唐垂拱三年（687年）。龙华寺确切年代难以考证，唐乾符年间毁于战火，至宋太平兴国二年（977年），吴越王钱弘俶重建，北宋治平三年（1066年）改称“空相寺”。明永乐年间（1403—1424年）恢复了原名“龙华寺”。明万历二年（1574年）赐名“大兴国万寿慈华禅寺”，寺名仍沿用龙华寺。龙华港也因此得名。

漕河泾港名称有多次演变过程，原中市桥石柱刻港名为曹溪；明正德十四年（1519年），文学家张梅溪撰张氏墓表，称曹乌泾；

1588年，张道用撰漕河泾庙碑称漕湖泾，后称漕河泾港。明正德年间，该区域以米、布贸易成市，因漕河泾港得名漕河泾。后漕河泾开发区、上海漕河泾地区皆因漕河泾港而得名。

今天的龙华港水系（图4.8）是徐汇区的主要河道，其中漕河泾港—龙华港共同组成上海市的一条市管河道，长9.07千米，蒲汇塘另单独成为一条市管河道，长6.64千米。

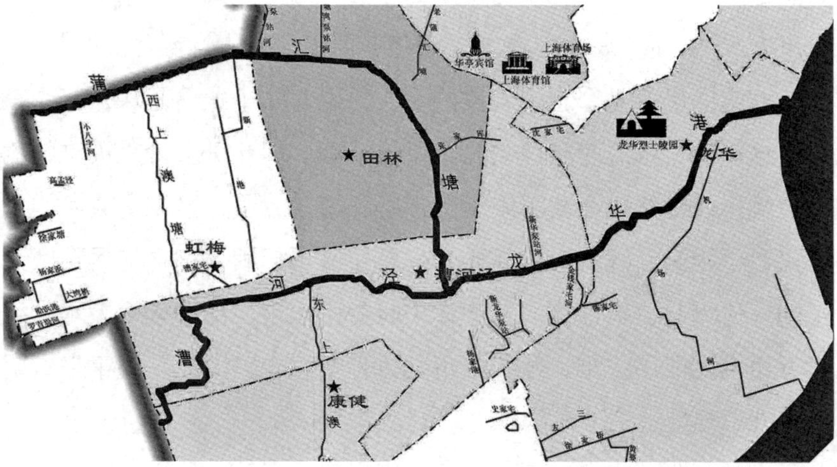

图4.8　龙华港水系示意图（2000年）

2. 美丽的传说故事

龙华港蜿蜒曲折，向有“龙华十八湾，湾湾见龙华”之称。那么龙华港为何有那么多湾呢？有一个广为流传的民间故事，从前龙华镇上住着一对母子，某天夜里，这位母亲梦见一个和尚对她说：“你千万不能让你儿子喝生水，不能让他看到河浜。你一定要看好他，等到小孩16岁以后就不要紧了。”日子过得很快，转眼间，男孩长到了13岁。一日清晨，母亲把房门一锁，就到香花桥头汏小菜去了。男孩醒来，见母亲不在家，着急了，打算出去寻找。可是，他一推门，发现门被反锁起来。十多岁的小孩力气也不小，三摇两晃把门打开了，他一个箭步冲了出去。跑到香花桥上，一眼就看见母亲在桥下，他一边喊着娘，一边朝水边走去。听见儿子的声音，母亲抬起头，发现儿子正向龙华港走来，惊出一身冷汗：“回去！快点回去！”母亲呼喊道。但已经来不及了，男孩一见到河水，“扑通”

一声就跳了进去。原来，他是龙星转世，一入水，即化身为龙，朝东面游去。母亲赶紧在后面追，眼看儿子越游越远，她三步并作两步，爬上龙华塔，大声呼唤着儿子的名字。母亲每叫一声，小龙就回头望一望娘，龙华港便出现一道弯。小龙游到龙华港与黄浦江交汇的地方，一共回头18次，从此龙华港就有了十八湾。

从这年起，每逢农历三月半，变化成龙的儿子龙宝总要来龙华看望他的母亲，以尽儿子对母亲的孝心。由于龙离不开水，所以龙一来把水也一道带来了。这样，每年三月半，龙华就要发生水灾。

龙宝的母亲是个忠厚善良的女人，她对儿子感情甚深，每到三月半这一天，她总盼望能与儿子见上一面。但儿子会带来灾难，危害百姓，使她终日心头不安，也于心不忍。于是，当变化成龙的儿子来看望她时，她就说："龙宝，你每年来看望娘，这是你尽了做儿子的一份孝心，娘很高兴。但你来时带了水来，让龙华发大水，给附近百姓造成了灾难，娘心里不安，也不忍心。你以后每年来看望娘，就不要带水来……"

龙是离不开水的，不带水怎么来看望母亲呢？传说龙宝在听了母亲的话后，就变成一个专门帮助别人做斧头柄的老人。有一日，老人在龙华街边，低着头认真拨弄一截木头，过路人看到后就问老人："老公公，侬在做啥？"老人没有抬头，但随口回答说："我在造一座塔。"过路人感到疑惑又奇怪，他手里这木头能造塔？最多只能做个斧头柄！谁知，话音刚落，那截木头一掷地，一座宝塔真的屹立在眼前，耸天入云。人们惊奇地走进宝塔一看，里面有只精致的"望娘盘"。

传说从这年起，每逢三月半，变化成龙的龙宝来看望母亲时，再也没有带水来，而是通过"望娘盘"来看望她。母亲也能从盘里看到儿子。于是，从这年后，龙华再也没发大水，自然也没发生水灾。

这件事传扬开后，每逢三月半，附近四村八舍、十里百里的老百姓，无论男女老少都要来龙华，拥进宝塔里围着那只"望娘盘"看了又看、望了又望，据说凡是有福气之人就能够看到变化成龙后龙宝的面目，令人遐想不已，意趣横生。后来，龙宝的母亲年老去世了，“望娘盘”也被一位江西识宝人觅去了，但一年一度的三月半龙华庙会却逐渐形成了。

这则故事见于方志，就内容而言，充满了浓郁的神话色彩，不能算作信史。但其字里行间却洋溢着中国传统文化中母慈子孝的道德之光，令人为之动容。

3. 文人墨客的足迹

龙华港风景秀丽，古往今来，吸引了无数文人墨客前来游玩，并留下了很多流芳百世的诗词。清初，张宸等评出的“龙华六景”中就有四景与龙华港密切相关，分别是回塘拱刹、秋江塔影、广渚浮珠、夜浦涛声。清代诗人瞿谷曾作诗描写了龙华港水道潆洄迂曲，舟行其中，无论在哪里都能看到龙华寺、塔，故有“回塘拱刹”之称。

每到秋高气爽之时，天净如洗，龙华塔倒映在龙华港中，便形成“秋江塔影”:“桥流万塔俯中原，沐浴空明若可扪。残月照来看未定，松风吹去碧无痕，偶盟鸥鹭偏能狎，别驾鼋鼍不敢吞。曳杖秋江已成癖，早知重涉入乾坤。”

龙华港口原有一古沙洲，约40亩大小，称“一粒珠”，被喻为“龙颔之珠”，清代诗人张宿曾有诗:“聚沙成渚一珠圆，似柱中流砥大千。恰傍龙宫明月现，还从佛顶夜光联。潮回白璧尘凡净，水泛明珠掌上悬。笑问比丘何不系，蒹葭秋水共长天。”此处则被誉为“广渚浮珠”。可惜如此美景在乾隆时期便已消失，现在只能在诗词之中回忆它的秀美风光了。

龙华港东去，就是黄浦江，夜阑寂静，可以听见浦江涛声拍岸、潮音彻耳，是为“夜浦涛声”，清代诗人曹垂璨在傍晚乘船路过龙华港时见此情景不由有感而发写道:“人静渡翻动，潺湲听几回。冲舟惊短梦，激岸起轻雷。音趁疏钟远，喧随戍鼓催。更看新月涌，疑是浙江限。”

在文人墨客留下的咏叹中，可见当年龙华港的风景是多么秀丽，遗憾的是，今人已无法亲眼看到这些美景，只能从古人的诗词中去感受了。

4. 河道的文化遗迹

在龙华港的周边，有着许许多多历史的沉淀，和龙华港一起见证着龙华这个地区的兴盛。这里不能不提的是龙华烈士陵园。

“龙华千古仰高风，壮士身亡志未穷。墙外桃花墙里血，一般鲜艳一般红。”龙华烈士陵园原为国民党淞沪警备司令部旧址和龙华革命烈士就义地，1927—1937年，众多革命志士曾被关押于此，陈延年、陈乔年、罗亦农、赵世炎、彭湃、杨殷等共产党员曾在这里英勇抗争而不幸牺牲。龙华烈士陵园是上海乃至全国重要革命遗址之一，园内共展陈256位革命历史人物。龙华烈士陵园建设工程于1994年5月27日开工，1995年7月1日对社会开放，1997年5月28日纪念馆开馆，2020年10月，烈士陵园广场改建工程竣工，忠魂广场和胜利广场落成（图4.9）。

图4.9　龙华烈士陵园

纪念瞻仰区在陵园中南部的南北主轴线上，东西宽160米，南北长440米。入口大门楼顶上“龙华烈士陵园”6个金色大字是邓小平同志题写的。碑林遗址区在陵园的东边，在入口处，有一大型烈士群雕，名为“且为忠魂舞”，在底座旁刻有毛泽东同志的《蝶恋花·答李淑一》。两道对称式的大型碑墙长有50余米，一道墙上刻的是鲁迅的《为了忘却的记念》，另一道墙上刻的是29篇在上海牺牲及曾关押于龙华的烈士诗文。

参观龙华烈士陵园，能让人们回忆起过去那些为国家和民族而奉献生命的先烈们，从而更加珍惜当下来之不易的幸福生活，为更美好的将来而奋斗。

5. 河湖的新生

面对龙华港水系水体常年黑臭且河道淤积严重、河道的调蓄和输水能力锐减、防汛排涝能力亟待提高的状况，2001年上海市启动龙华港水系应急疏浚工程，并全面推进河道综合整治工作，至2003年基本完成。漕河泾老街、小闸镇陆续拆迁，并通过新建护岸、架设桥梁、疏浚河道、绿化养护、建设亲水平台、修建景观步道等，让龙华港水系不仅成为淀北片具有调蓄、排涝及水资源调度等功能的骨干水系，而且成为徐汇区市民休闲娱乐的好去处（图4.10、图4.11）。

图4.10　蒲汇塘

图4.11　漕河泾港

如今，在龙华港和黄浦江的交汇处，有着徐汇区最大的一座内陆河桥梁，人们习惯将它称为“龙脊桥”，这是徐汇滨江最具标志性的桥梁，彰显着龙华港水系的魅力巨变（图4.12）。上海民间一直有“三月三，上龙华，看桃花，逛庙会”的习俗，现在龙华港两侧遍种桃花，等到桃花盛开之际，在龙华港边漫步，就真正实现欣赏龙华之桃花、逛龙华之庙会、谈城市之新气象了。

图4.12　徐汇滨江龙华港桥夜景

4.3　盐铁论开思汉诏

2003年开启了上海河湖人的春天，在第一轮环境保护和三年行动计划水环境治理板块取得阶段性成果的基础上，开始全面启动河湖水环境治理，除了中心城区几个水系外，郊区的河道整治也逐步启动，包括嘉定区的一条骨干河道——盐铁塘。

1. 河湖名称的由来

盐铁塘是一条历史悠久的河流，距今已有2 100多年，相传是西汉宗室刘濞被封为吴王时所开凿的一条河道，因用于运送盐铁，故名盐铁塘，又名内河。现今的封浜、江桥等地尚有延（盐）场、卖盐港的地名。唐代有“广浦”之别名，即表明水面宽阔、流域广袤之意。南端临吴淞江处别名陆皎浦。

当年，吴王濞为了充分利用娄县一带的水陆交通运送盐铁，进一步增强国力，在嘉定西部冈身带上，开凿了一条与冈身平行的河道，俗称盐铁河。嘉庆《方泰志》记载："盐铁塘，旧传吴王濞凿，以运盐铁。南通吴淞江，北通扬子江。"《太湖水利志》的记载更为详实："唐代太和元年至九年疏浚的盐铁塘，北受长江水，起自江苏省沙洲县杨舍镇，经鹿苑、西旸入常熟县的福山、赵市、梅里、支塘，进入太仓县的直塘、城厢镇，往南流经嘉定县的葛隆、外冈、方泰，在黄渡镇会合吴淞江，全长95公里。"

2. 河道历史的演变

盐铁塘究竟是人工开凿的，还是部分利用天然河塘、再加部分人工凿通连接形成？究竟是一次性开凿，还是分几次开凿而成？由于年代久远，对此已无从考证。但从清代的相关史料大致可推知河道的方位、规模和走向：当时的盐铁塘是顺着古长江岸线的高冈的冈身（天然堤）进行开挖的，西起杨舍，东经常熟，再向南穿过太仓，直达松江，注入大海。盐铁塘的开凿，不仅极大地便利了盐和铁的运输，还具备灌溉和排涝的功能，成为促进该地区农业和商贸业发展的水上航运要道。

盐铁塘西岸，有一条土埂。《支溪小志》载："自福山面下，有沙冈身，二万零八十余里，以限沧溟，冈身者苏州之捍海也。"此冈身经上海复旦大学地理室用放射性碳素测定，距今约四千七百年。学术界也有人认为，盐铁塘是在冈身外开凿的一条随塘河，以杀潮势，确保冈身不受冲刷，更好地发挥捍海作用。至五代吴越国时期（907—978年），因冈身外滩地淤涨，海岸线已伸展至杨舍、鹿苑、福山、浒浦、茜泾、江湾、北蔡、下砂一线，不再需要以冈身抵御海潮。吴越王钱镠置兵海边，水军往来被冈身所阻，甚为不便，因此下令掘开，冈身遂断。新中国成立初期，断续的冈身尚存，宽约百米，顶高程吴淞7～8米。冈身土质属沙性，建筑上用的江沙，即来于此。随着城市基本建设的发展，江沙逐步被挖取，冈身亦不复存在。

盐铁塘自古以来在水利上都作用显著，但地处沙土地带，水土易流失，河坡易坍，且受潮汐吐纳影响，谚云："海水一潮，其泥一箬"，日积月累，渐次淤垫，故历史上常浚。早在唐代大和中期（约831年），即有疏浚盐铁塘之役。明代宣德九年（1434年）知县郭南、景泰五年（1453年）巡抚户部侍郎李敏、弘治十年（1497年）提督水利工部主事姚文灏、嘉靖二年（1523年）水利工部郎中林文沛都主持疏浚过。平时，在疏浚入江诸浦时，往往同时附浚盐铁塘。

清乾隆三十一年（1766年），知县康基田浚盐铁塘记："论吴中之水利者，自三江故迹就湮，吴淞一江不能独泄太湖之水……虽有宣泄之利而无灌溉之益。故自茆、梅李诸大浦而外，盐铁一塘尤宣急治者也……此塘南北相贯，远承诸湖之水，由福山港而达之江……不独盐铁出入，往来舟楫之便也。"盐铁塘是沟通耿泾、海洋泾、常浒河、徐六泾、金泾、白茆塘、七浦塘、杨林塘、浏河等的入江干河，可起到调节水流的作用。

20世纪初，盐铁塘亦浚治过多次。1917年，浚治耿泾珍门六泾桥一段，工程颇巨；1925年，浚大石桥至河口桥一段，长690丈（约2 300米），底宽4.5尺（约2.5米），面宽2丈5尺（约8.33米）；1933年，自支塘南贺舍至镇北老坝段与自茆塘同浚，底宽4米，普通水位下浚深2～2.5米。

1977年，蕴藻浜以北全线拓浚取直。1980年，疏浚沪宁铁路至蕴藻浜。1987年，南端东移800米，并建盐铁塘南套闸。全线架桥28座，1999年建盐铁塘北套闸。蕴藻浜以北两岸青坎8米遍植水杉、杞柳，绿树成荫。

今天的盐铁塘是阳澄淀泖区低洼平原和沿江平原的分界线，西起张家港市杨舍镇，东抵吴淞江，全长95千米，在区域的防洪排涝、工农业用水、水资源、水环境、通航等方面都起着十分重要的作用。盐铁塘在上海境内为嘉定区区管河道，北通浏河，南接苏州河，中间贯穿蕴藻浜，长17.77千米，在嘉宝北片水资源调度中起着十分重要的作用。

3. 美丽的传说故事

提到盐铁塘，吴王刘濞是怎么都绕不开的一个人物。吴王刘濞，代顷王刘仲之子，汉高祖刘邦之侄。汉高祖刘邦统一天下、建立西汉王朝后，大封诸侯王。刘邦的侄儿刘濞因为在跟随刘邦征讨反叛的淮南王英布时立下赫赫战功，而得到江南一带的封赏，于汉高祖十二年（公元前195年）称吴王。

当时吴国管辖东阳、鄣郡、会稽3个郡共53座城市，区域范围相当于现在江苏淮河以南和皖南、浙江瓯江流域以北地区，嘉定当时就属于吴国。吴地地域广大，靠江近海，资源丰富，十分富庶，“东有海盐之饶，章山之铜，三江五湖之利”。而后吴王刘濞的称霸跟吴国的经济发展是分不开的，特别是江浙一带的煮盐业是吴国主要的经济来源。东海的煮盐是散盐，晶莹剔透，质量上乘，可以直接食用。据《史记・刘濞传》记载：“濞则招致天下亡命者益铸钱，煮海水为盐，以故无赋，国用富饶。”煮盐业的发展吸引了四处流民纷至沓来。冶铁业早在战国时期就有了较大发展，《山海经》记载当时产铁矿石的山有3 609座，至汉代冶铁业有了进一步的发展。同时，由于人员流动性增加，商业发展明显，吴国的经济在当时已经十分强盛。

刘濞拥盐铁之富，擅江河之利，使吴国迅速强盛起来，同样随之增长的是其称帝的野心。由于当时的天子奉行黄老之道，“无为而治”，使刘姓宗室诸侯的势力日益壮大，于是骄纵起来，处处与朝廷对抗。汉文帝已感到同姓藩国的威胁，因而听从贾谊的建议，开始削弱诸侯势力。汉景帝则采纳御史晁错建议，削夺王国封地。汉景帝前元三年（154年），吴王濞联合楚、赵、胶东、胶西、淄州、济南七国起兵，以“诛晁错、清君侧”为名，反叛中央，史称“七国之乱”，结果汉景帝派大将周亚夫一一平定，吴王濞落得个可悲下场，徒留下悠悠盐铁塘静静流淌千年。

除了吴王濞和盐铁塘的传说，关于盐铁塘沙冈身的由来，也有一个美丽的传说。相传此处原无冈身，一日二潮，西岸土地低洼，海水内侵一二十余里，人称海漫。沿海土地无法耕种，农户无以为生。此事惊动了东海龙王，它施展法术，一连掀起三个大浪，将海沙推上岸，遂成冈身，挡住了海潮，从此沿海土地渐渐被开垦成田，渐成富庶之地。

4. 文人墨客的足迹

清代诗人赵拯曾写有《盐铁风帆诗》:“三吴水利首三江，大海奔腾向此降。盐铁论开思汉诏，灌输泽远被畷村。潮回曲似河流九，樯转经于鸟翮双。更喜沿村鸡犬静，夜深月上挂篷窗。”该诗生动地记录了盐铁塘繁荣兴旺的景象。

同为清代大学者的钱大昕也在《练川竹枝词》中描述了盐铁河上忙碌运送棉花的情景:“依依墟里散炊烟，短短笆篱带晚川。黄叶西风盐铁路，布帆一半贩花船。”述说了盐铁塘这条古老大河曾经的辉煌。

5. 河湖的新生

图4.13　整治后的盐铁塘

趁着上海河湖水环境大治理的春风，2003年对上海境内的盐铁塘全面开展了综合整治工作，新建、改建护岸27.09千米，疏浚土方59.17万立方米，新建防汛通道2 195.55平方米，并配套建设了沿河的绿化工程（图4.13）。又20年过去了，盐铁塘碧波荡漾、草木芬芳，两岸绿树葱茏，川流不息，历史和现代交织着的时光迎面扑来。虽然如今的盐铁塘已然没了当年的狼烟烽火，我们后人也无法评判刘濞所参与的七国之乱的对错，但他开凿的这条盐铁塘确确实实让当时的百姓过上了富足的生活，更为后世百姓造福，或许这就是典型的“有心栽花花不开，无心插柳柳成荫”吧。

4.4　彭公坐镇彭越浦

彭越浦—东茭泾是著名的苏州河“六支流”之一，河势早已成形，但在持续建设中，到21世纪初，仍有部分薄弱段防汛墙在沿岸地块开发后才实施达标建设，直至2004年基本完成。

1. 河湖名称的由来

“彭越浦”这个名称主要来自西汉时期梁王彭越。据相关史料记载，宋、元年间，该浦受吴淞江“霸王潮”影响，经常泛滥成灾，沿浦人民深受其患。于是就集资在浦之东岸建一潮神殿，祈求潮神保佑免受水灾之苦。元大德三年（1299年），有僧人德宁和尚来此，在原潮神殿的基础上，增添屋宇，重塑佛身，将潮神殿改建成庙。人们认为只有王者才能制服水患，保佑平安，于是决定立西汉战将梁王彭越为神，庙内塑有梁王彭越坐像，供人叩拜，以镇江潮，这座庙便取名彭王庙，这条浦也就叫作彭越浦或彭公浦，简称彭浦。彭越浦和彭浦地名也由此而来。

2. 河湖的历史演变

历史上的彭越浦大约从西晋开始慢慢形成，东晋太元七年（382年），吴淞江除南段外，其他地方已经成陆，彭越浦也已基本成形。至南宋期间，彭越浦已全部成形，此后一直作为吴淞江—苏州河的支流存在。

至明朝，彭越浦沿岸已有农民集居，清道光十二年（1838年）建镇，名彭王庙镇，俗称“庙头”，后改名彭浦镇，清末成为宝山四大镇之一，南北不到半里，却有商铺十五六家，人口千人，可见当时的繁华已非同一般。

如今的彭越浦是上海市市管河道东茭泾—彭越浦的一部分，南接苏州河，北至蕰藻浜，共长10.78千米，是蕰南片南北向一条重要的防洪除涝骨干河道。

3. 美丽的传说故事

在彭越浦有多种传说，流传较为广泛的就是楚霸王与虞姬相会的故事。据传在上海县新泾乡（现长宁区新泾镇）沿吴淞江有一个地方叫虞姬墩，俗名野鸡墩，是楚霸王项羽爱妾虞姬的衣冠墓。楚霸王的魂魄一年一度要从吴淞江来会虞姬，届时吴淞江会掀起大风大浪，汹涌澎湃，不但会掀翻船只，而且泛滥成灾，于是大家都叫它“霸王潮”。

还有一个传说是北宋时期，人们在吴淞江上游筑桥建坝，造成下游河道沙泥淤积。每逢雨季，河水就泛滥成灾，同时海水时常倒灌，老百姓苦不堪言。吴淞江的潮水像“楚霸王”那样蛮横无理，大家都叫它“霸王潮”。

为了遏止霸王潮，乡民们沿江建造了一些汉代将相庙宇，如萧何、曹参、张良、陈平、彭越、英布、纪信、樊会、灌婴等庙，这些人生前都是抗击楚霸王项羽、建立汉朝政权的功臣，因此想用这种形式来吓退“霸王潮”或镇住“霸王潮”，以使乡民们免受灾害。其中一座比较著名的汉朝功臣庙是彭越庙，因而人们把流经彭越庙的河称作彭越浦。

此外，还有“彭越化作蟛蜞”的说法。彭越是秦末汉初的著名将领，他最初追随楚霸王项羽，后来因种种原因又归顺刘邦（图4.14）。当西楚霸王在乌江战败并自刎后，彭越被汉高祖刘邦封为梁王，在定陶（今山东省济宁一带）建立自己的都邑；当刘邦诛杀韩信后，彭越担心自己成为下一个被杀对象，于是处事十分谨慎。当刘邦准备攻击陈稀时，派人向彭越征调军队，彭越假称有病而不接待来使，这使刘邦十分恼火，又立即派人当面指责彭越。至此刘邦要杀害彭越的迹象已经显露。彭越的部将多次劝彭越造反，而此时的彭越处于进退两难的困境。最终，彭越被捕并被发配蜀地，彭越到了四川后就开始串通九江王英布，密谋联合反抗刘邦，刘邦得到此报信后就下令诛杀彭越，并株连三族。据《汉书》记载，英布代为彭越收尸。但据野史记载，刘邦派人杀了彭越后，下令将彭越的尸体用盐腌制后运回。一次，刘邦在江中宴请九江王英布，当英布吃了第一道菜后，感到所吃的食物有异味，刘邦告诉英布，你刚才吃的是彭越的尸体，将英布吓得不轻，

图4.14　彭越像

并把所吃的食物全呕吐出来，而呕吐的彭越尸块掉入江中，立即化为一只只小蟹，因为这种小蟹是彭越的尸块变化而成，这种小蟹就被叫作“彭越”，后来也被写作蟛越、蟛蜩、蟛蚏、蟛蜞等。“彭越浦”也就是因为河里有许多蟛蜞而得名。

4. 河湖的新生

1949年后，上海经济和社会逐渐复苏，原本的彭王庙被毁，大殿的残骸被改建成了现在的彭浦小学。改革开放以来，彭越浦周围生机勃勃，商品房、办公楼高楼林立，大型奶制品企业等厂家也将总部设立于此。2004年，彭越浦整治完善工程完工，加上彭越浦近苏州河处建有彭越浦泵闸，东茭泾近蕰藻浜处新建东茭泾泵闸，东茭泾—彭越浦防汛除涝能力大大提升。

之后的十几年，随着沿河地块开发，各式公交、轨交擦边而过，颇显繁华（图4.15）。彭越浦两岸陆域环境改造工程顺应新时代发展，“老树发新芽”，打通了原来割裂的陆域空间，发掘滨水廊道景观及社会价值，将场地的劣势转换成优势，形成良好的绿意游赏体验，成了静安现代化居民休憩空间的重要一环。彭越浦作为有着几千年悠久历史的河道，孕育了一代又一代的彭浦人，或许也因有梁王坐镇，彭越浦发展日益繁荣。

图4.15　彭越浦现状

4.5　纺织胜地乌泥泾

2004—2005年，是上海市中心城区河道全面“洗脸”的两年，大河小河纷纷脱去脏旧衣裳，大部分河道还实现了“透析”，墨汁一样的黑臭河水逐步向好，华泾港就是这样撞入了人们的视野，由此揭开它历史悠久的过去。

1. 河湖名称由来

乌泥泾曾经既是一个河道名，又是一个地名，大抵是地因河名。作为河道名，乌泥泾在唐宋时期是条大河，由西向东入于黄浦，海舶辐辏，帆樯栉比。宋时曾在南北两头设闸，以御海潮，但后来河道逐渐淤塞，规模渐小。作为地名，乌泥泾镇在宋元间极盛，商贾云集，但明朝时倭寇犯乱，焚毁严重，清朝定鼎后就在乌泥泾南市聚集成市，易名华泾。由此推断，乌泥泾很可能就在今天的华泾港附近，或者是华泾港的一部分。

今天的华泾港是徐汇区和闵行区的界河，北通淀浦河，东接黄浦江，长6.81千米。

2. 河道的文化遗迹

古代乌泥泾位于今徐汇区东南部。北宋末年，大量北方富户随宋室南渡，其中不少人就在乌泥泾旁安家，那里逐渐兴旺起来。1163年，乌泥泾首富张百五捐资兴建宁国寺和清河桥（长桥）。

1）*漕粮海运起点——乌泥泾*

以往学界都认定太仓的刘家港是元代漕粮海运的起点，而乌泥泾在漕粮海运中的重要地位却常被人忽视。其实在元代初期，乌泥泾作为漕粮海运的起点，已名声在外。当时的乌泥泾属松江府管辖，松江地区湖泖荡漾，塘浦交汇，水利资源丰富，是中国重要的产粮区。元代朝廷对松江地区的赋税征收很繁重，仅华亭一县每年征收的赋税即达40万石，到了元大德年间（1297—1307年）已增加到70万石。

松江地区这么多的漕粮基本上都靠京杭大运河运往北方。可由于宋朝末期，宋、金长期对峙，大运河年久失修，隘浅梗阻，体积稍大一点的船只就无法航行。正当元朝廷为漕粮运输犯难之际，朱清、张瑄（朱、张二人本是宋末的地痞无赖，因元兵下江南，被朝廷招安）不失时机地献上了海漕之策：沿近海航路，将南漕北运。

1282年，元朝廷命朱清、张瑄等造平底海船（即沙船）60艘，招募水手，由海道载运4.6万石漕粮，自上海出发，运抵直沽扬村码头，完成了第一次海运漕粮重任，海上“南粮北运”航线由此开辟。

朱清、张瑄因首倡海运有功，累迁至江南行省左丞、右丞，他们的“田园宅馆”遍天下。张瑄长子文龙曾为万户，“筑第于乌泥泾”。一个掌管海运漕粮的重要人物能把家安在乌泥泾旁，绝非偶然。在开展海运漕粮的同时，元朝廷还在各地建筑粮仓用以贮粮。1281年，在乌泥泾边建立了大型的漕粮中转场所；1285年，太平仓在乌泥泾镇建成，并开凿仓河使乌泥泾与黄浦相通。1292年，元朝廷新辟上海县，乌泥泾镇由华亭县划归上海县管辖，太平仓就此成为新生上海县的唯一粮仓。

后来，朱清在太仓刘家港开浚疏治，航运条件更为优越，于是漕粮海运的起锚处便移至刘家港，乌泥泾则改为上海地区漕粮转运的驳运码头。受到潮汐作用的影响，乌泥泾逐渐淤塞，为避免搁浅、保证漕运安全，1324年实施了乌泥泾开浚工程。此后数十年间，疏浚乌泥泾的水利工程从未有过停歇，仅记载在史书上的就有四次，这从另一个侧面也反映出当年乌泥泾航运地位之重要。在疏浚乌泥泾的同时，其岸边的乌泥泾镇也在不断发展，并日渐成为上海西南的水陆重镇，当地市面繁荣、人文荟萃，元初名士秦裕伯、杨维祯、黄公望、倪瓒、陶宗仪等都曾经是这里的常客。

2）棉业革命圣地——乌泥泾

若没有黄道婆，乌泥泾无论多繁盛，可能也不过是个一般的大镇，在历史上不会如此有名。

明正德《松江府志》记：“木棉本出闽广，可为布，宋时乡人始传其种于乌泥泾镇。”由此可见，乌泥泾是松江府最早种植棉花的地方，而松江府又是江南最早植棉之处。起先，松江地区的棉纺织技术落后，到了元朝元贞年间（1295—1297年），随着乌泥泾人黄道婆重返家乡，松江的棉纺织业进入了革新和高速发展时期。《南村辍耕录》云：“国初时，有一妪名黄道婆者，自崖州来。乃教以做造捍弹纺织之具，至于错纱配色，综线挈花，各有其法。……人既受教，竞相作为。转货他郡，家既就殷实。”

由黄道婆传授的棉纺织技术，引发了持续六百余年的“棉业革命”，以松江为中心的棉纺织业迅速发展，成为江南经济发展的重要组成部分，松江地区各乡镇几乎家家都投入纺织活动。黄道婆去世后，因“其衣被天下后世，为功殆过于蚕桑矣”，乡民“莫不感恩洒泣而共葬之”，把她奉为“先棉”，尊为神明，在乌泥泾建黄母祠来祭祀，“岁时享之”。数百年来，黄母祠在乌泥泾地区多次遭损毁重建，至少有10次之多。此外，在上海县城内也曾立有黄婆庵、先棉祠，虹口、奉贤、嘉定等处均设过黄道婆的祭祀场所。

从乌泥泾这个小小的摇篮中诞生的棉业革命，赋予了江南乡村男耕女织经济的新内涵，它不仅奠定了日后上海地区繁荣的基础，还对数百年间的国计民生产生了深远的影响。明初颁布法令，鼓励种棉，并规定松江府可以“折布纳官”，“以棉花一斤折米二斗”。朝廷的赋税政策客观上鼓励了农民由种稻转向植棉，到明代中叶以后，松江沿海出现大片棉田，在松江府属的上海、嘉定诸县，种棉面积已占十之八九。

明清两代，松江府作为全国的棉纺工业中心，享有“衣被天下”的美誉。松江所产布匹销往全国各地，乃至日本、英美等国。早在乾隆初年，英国东印度公司就开始从中国购进土布。在贸易过程中，英商发现广州所产的土布穿洗后容易褪色，而松江布（英人称为“南京布”）则久洗后依然色泽艳丽，松江布因此在英国风行一时，东印度公司的收购量从2万匹猛增到20多万匹。随着布市的兴起，从事沿海运输的沙船麇集上海，迅速发展。明清两代，从事运输的沙船数千条，在浦江岸边停靠的沙船密密匝匝，帆樯如林，带动了上海港口贸易的兴盛。

3）乌泥泾的衰落

漕粮海运和棉业革命推动了江南经济的繁荣，却没有给乌泥泾带来持久的繁荣，进入明朝中叶以后，这个曾经有名的富庶之地逐渐衰落，直至湮没无闻。究其原因，一直有两种说法。

一种说法是，乌泥泾地区的衰落，最直接的原因或是明中叶以后倭寇入侵、烧杀焚掠所致。明代嘉靖以后，江浙沿海地区饱受倭寇侵扰之苦，上海附近的青龙、蟠龙、乌泥泾、下砂、新场等市镇

“尽成瓦砾”，乌泥泾地区的标志建筑宁国寺、太平仓均遭焚毁，民众流离失所。乌泥泾遭此重创，元气大伤。但是，当时上海地区遭受倭患的市镇，不止乌泥泾镇一处，附近的上海县城也受害惨烈，但是后来又都相继复兴。乌泥泾为何不能呢？

另一种说法是，乌泥泾地区的衰落是河道淤塞、航运改道所致。上海地区的经济发展，与这一带的河道变迁、港口盛衰密切相连。元代乌泥泾曾经几度淤塞、几度疏浚。至元末，由于水利工程年久失修，河道淤塞情况更为严重，小小的乌泥泾再也承载不了大舟巨舶的航行，漕粮航线不得不改道黄浦。明代，由于实行海禁政策，运河再度成为漕粮航道。原来的海道漕运系统废弛，乌泥泾丧失赖以维持的基础，地位每况愈下，乌泥泾的衰落再也无法挽回。在清前期的方志中，还出现了乌泥泾之名，但清后期以后，方志记载中就再也没有了“乌泥泾”三字的踪迹。

在历史的迷雾缭绕中，乌泥泾若隐若现，或许它的没落是这两种说法共同作用的结果，双重打击下，乌泥泾终究盛况难续。

上海竹枝词有曰：“乌泥泾镇亘东西，十里长街旧迹迷。中被潮冲坍入浦，但留一庙浦东堤。”据考证，浦江对岸的三林塘以前确实有一座乌泥泾庙。乌泥泾镇虽然衰落了，但黄道婆的故事一直在流传，今天上海植物园边上就有一个专门纪念黄道婆的黄母祠，有一条河道就叫黄婆庙河，供人们瞻仰和回忆。

3. 美丽的传说故事

提起乌泥泾或是华泾港，大部分上海人或许会一脸茫然。就算翻开上海地图，拿着放大镜看上几遍，也找不到这条河流。但说到黄道婆，不少人都知道她是元代上海地区的纺织能手，是她给上海带来了一个纺纱织布业高度繁荣的时期。而黄道婆与乌泥泾有着牵扯不断的关系。

黄道婆出生于乌泥泾畔，从小喝着乌泥泾的水长大。但黄道婆既然是乌泥泾人，怎么会去往千里之外的崖州？她的一手好技艺又从哪里学来？民间流传甚广的说法是黄道婆生于松江乌泥泾镇的一个普通农家，从小就当了童养媳，经常受到公婆的虐待。长大成亲后，又被丈夫打骂。整日劳苦，不得饱暖。她不堪忍受凌辱，从家中逃亡，逃到一条停靠在黄浦江边的商船，驶向茫茫大海。经过不知多长时间的风浪颠簸，船在海南岛最南端的崖州（今海南省三亚市崖州区）靠岸，黄道婆登上这片陌生的土地，开始了新的生活。

那时的海南岛是黎族同胞聚居的地方，这里民风淳厚，人民善良质朴。黄道婆很快在当地定居下来，融入黎族的生产生活之中。海南岛天气炎热，土壤肥沃，很适宜木棉的生长，黎族人在长期的植棉生产实践中，逐渐摸索研制出了一整套的棉纺织工具，如轧花机、弹棉弓、捻线纺轮、脚踏纺车、绕线架、踞织机等。这些工具简单实用。心灵手巧的黄道婆很快就学会了黎族人的纺织技术，并对纺织设备和工艺加以改进和提高。光阴荏苒，多年后她已是当地有名的纺织能手。

不过，叶落归根，上了年纪的黄道婆思乡心切，她收拾好行李，带上自己的纺织工具，搭乘一条北上的商船，踏上了回乡之路。约1295年，黄道婆回到了家乡乌泥泾。黄道婆把从崖州带来的棉种，撒进了乌泥泾的土地。这些优质棉种，不仅在乌泥泾的土地上生根、开花、结果，给家乡人民带来了无尽的福祉，又传播至十里八乡、江南各地，成为江南木棉种植业之滥觞，而乌泥泾一带由此成为当时江南棉纺织业重镇。

在淞沪民间一直传诵着这样一首歌谣："黄婆婆！黄婆婆！教我纱，教我布，两只筒子两匹布。黄婆婆，黄婆婆！教我纱，教我布，纺纱织布一乃罗。"歌词中所说的"黄婆婆"就是被称为"棉神"的黄道婆。

4. 河湖的新生

2004年，徐汇区和闵行区政府同步推进华泾港的综合整治，新建生态护岸，对河道全线进行疏浚，新建沿河绿化，改造泵闸等，华泾港以及相连的东新港和西新港面貌一新，沿河的华泾公园改造时，还设置了纪念黄道婆为主题的城市雕塑和景观小品（图4.16），曾经比上海还要闹猛的乌泥泾镇重又呈现出勃勃生机，展现出一片蒸蒸日上的景象（图4.17）。

图4.16　纪念黄道婆的景观小品

图4.17　乌泥泾沿河华泾公园

4.6　历经沧桑的“洪口”

上海城区能被称为水系的，除了杨树浦港水系和龙华港水系，还有一个水系，就是虹口港水系，包含虹口港、沙泾港、俞泾浦三条主要河道。虹口港水系是苏州河环境综合整治一期工程的重要内容，除了实施地区旱流污水截流工程，还实施了河道疏浚、泵站建设、防汛墙改造和两岸环境整治等，因河势也已成形，到21世纪初仍有部分薄弱段防汛墙在沿岸地块开发后才实施达标建设，直至2005年基本完成。

1. 河湖名称由来

虹口港前身为上海浦北段（即今黄浦江东段以北河道），名“沙洪”，沙洪流入黄浦的河口，被称为“洪口”，流传中，“沙洪”没被记住，反而“洪口”渐渐传开，清顺治年间，出现“虹口”之名。

虹口港最终称“虹口”，一说是因“洪”是明朱元璋年号“洪武”之“洪”，清廷十分忌讳，官方文书便以谐音改称“虹口”，并延续至今；另一说是明有“正德”，清有“雍正”，忌讳之说有待进一步考证，“洪”和“虹”只是同音混用而已。

俞泾浦原名芦泾浦，清乾隆《宝山县志》水利图和光绪《上海县志》均误作俞泾浦，此后以讹传讹，遂形成今名。

沙泾港古称商量湾，又名江湾浦，又曾称俞泾浦（今沙泾港上流尚有俞泾庙遗迹）。

2. 河湖的文化遗迹

虹口港的起讫，据嘉庆《上海县志》载："通江浦，北流至分水庙。"即南起黄浦江，北至今临平路桥东北堍，约长2.7千米。自清末起，今嘉兴路桥以北至分水庙逐渐改为沙泾港一段。宋元时期，虹口港为海上船舶自海口经吴淞江驶至上海县（镇）的重要水道；明清时期为连接江湾镇、上海县的重要通道。

鸦片战争的炮火打通了虹口港入黄浦江处的两侧道路，资本主义国家的船坞与码头开始屹立于虹口港的东西两侧，虹口也正式进入了开埠时代，渐渐发展成为上海远洋、沿海客货运的重要港口（图4.18）。那时候，虹口港的两岸常常可见胸前戴着银十字架、身穿黑衣的美国传教士穿街过巷，劝说当地百姓入教。

图4.18　虹口港两岸码头与船坞

往来的船只，带来了虹口港的贸易，也带来了慢慢淤积起来的泥沙，虹口港的水逐渐变得浑浊，已建船厂和钢铁厂的废水更是加重了虹口港河水的污染。其沈家湾段淤塞到几乎不能过船，航运功能逐渐萎缩，河水污染也日益严重。

一座港口，一条河流，自然会有孕育而生的一条老街（图4.19）。据史料记载，虹口老街位于虹口港东侧，南起东汉碧礼路（今东汉阳路），直至东有恒路（今东余杭路），即今天的东汉阳路

219弄，长度只有百余米，也称沙虹老街、里虹口老街、里虹桥老街、老街等。旧时的老街早已毁于1937年“八一三”事变的日军炮火，现存的虹口老街是战后翻建而成。一眼见底的弄堂，见证了当年的商贾云集，其兴盛程度比肩十六铺，同时也见证了当年战争的狼烟烽火。

图4.19 虹口港老街

虹口港带来了老街，也带来了老街的石库门与里弄。在战乱年代，江南的地主豪绅纷纷逃入已为租界的虹口，美英帝国为解决难民问题，也为了更多地牟取暴利，租界里的洋人地产商们加紧买地皮、造房子。考虑到传统的四合院或江南式大宅占地多且建造慢，而欧美式洋房造价高不实惠，才出现了中西合璧的老式里弄房屋。偶然的举措，使得石库门和里弄在上海的历史书页上独树一帜。而今，已然成为虹口区的一张名片，虽然石库门的内里已慢慢被时间洪流所掏空，但仍可以从其门楣对过往种种凭吊缅怀。

现如今，走在虹口港的哈尔滨路一号桥上，已然没了当初南来北往的舟船，也没了过桥时橹声欸乃中船民的咿咿呀呀的棹歌，桥上的辚辚马车声、手推车的轧轧声以及黄包车的踢踢声都随着时间的洪流，消失在桥下的潺潺河水声里。而虹口老街也是冷冷清清的模样，只有弄堂口坐着几个晒太阳的老人，百余年已是历经沧桑。百年前的虹口港崛起，成为通商口岸，往来船只车水马龙；百年后的虹口港隐居为小桥人家，但往来过客仍然络绎不绝。

俞泾浦上的八字桥一带为1932年淞沪会战激战处。八字桥跨俞泾浦，东连水电路，西接柳营路。此桥东南10余米的柳营港南，另有一桥架越俞泾浦之上，两桥呈八字形，合称八字桥，又名宝安桥。此桥原为木制，毁于1932年“一·二八”战争，而西侧一桥即现有的八字桥在1933年改建为钢筋水泥结构，单孔，长8.3米，宽9.5米。

淞沪会战时，俞泾浦是敌我对峙火线，日军曾多次企图越八字桥包抄北火车站，如2月29日一夜间，日军曾向西侧我军阵地发动冲锋10余次，多次占领八字桥，但最终被十九路军夺回。记者在战地采访中写道：“八字桥两军相持余月，几乎无一完整房屋，沿途断恒焦土烬物堆积如阜。”

沙泾港上曾有奎星阁，清光绪二十三年（1897年）由乡绅陆显周等筹资兴建，遗址在奎照路185号东面，是二层宫殿式砖木结构，尖顶八角形雕花窗，寓意“奎星高照、福泽乡里”，文人墨客常聚阁中论文吟诗。奎星阁于1921年塌毁，2002年重建于万安路市河旁以留景观。

3. 河湖的新生

20世纪60、70年代起，虹口港水系因污染严重，逐渐变黑发臭。苏州河环境综合整治工程实施后，21世纪仍然持续推进整治工作，直至2005年完成虹口港水系综合整治工程。经过整治的虹口港水系成了景观河，河水清了，岸边垂柳蘸水绿，河道两旁是重建于1913年的老洋行钟楼，似乎在河水的倒影里，一切还是当初的模样，平添了几分老上海的沧桑气息。两岸也多是粉墙黛瓦的砖木结构房子，小桥流水人家，如同那姑苏的“人家尽枕河”的风貌（图4.20）。

近些年，虹口港水系完善工作仍在继续，虹口港泵闸建成后，与虹口港水系北端的西泗塘泵闸、郝桥港泵闸共同担负起水系防汛排涝及南引北排的重要功能（图4.21）。虹口港泵闸不仅有效保障了地区防汛安全，同时也通过水资源调度、增加水流动力、促进河道

图4.20　整治后的虹口港两岸风光

水系水体循环与自净，进一步改善河道水环境。而改造后的虹口港防汛墙两侧设置了花箱，亲水平台用不锈钢栏杆做扶栏，用柳桉防腐木条做地板，景观步道铺设花岗石和青砖，与周边建筑相得益彰，加上各种埋灯、景观灯，灯火璀璨，赏心悦目（图4.22）。

图4.21　虹口港泵闸

图4.22　虹口港防汛墙景观人行步道

因水而生的虹口，在上海开埠以后，凭其水路相连，迅速成为上海市的交通要道。百年以前，这里码头林立，来往的木船络绎不绝，一派繁华的景象；百年以后，随着新时代现代化的发展，木船文化逐渐成了历史的定格。如今的虹口港，周围高楼林立，音乐谷、1933老场坊（原20世纪30年代远东地区最大的工部局宰牲场）等地标建筑脍炙人口，感受独特的建筑魅力和深厚的历史底蕴后，沿着景观步道一路向南，还可以抵达黄浦江，直面北外滩滨江、世界会客厅。曾经的历史成了今朝的风华。虹口港见证了上海水运发展的历史，也将承上启下，成为新时代上海水文化发展的重要标志。

4.7 流动的水利史

春申君黄歇与上海的关系源远流长，上海的河湖水系更是处处镌刻着他的痕迹，2006年启动、2010年基本完成整治的春申塘便直接以“春申”两字为名。

1. 河道名称的由来

《上海县水利志》所载：春申塘，又名莘村塘。传说在公元前248年，春申君黄歇受封于吴，松江成为他的封地。春申君组织人力在今春申与潘家浜村之间，开挖了一条宽10米左右、深3.8米、长达4千米的人工河道，沟通水系，直通浦江。河道落成后，春申君把该塘命名为“春申塘”。

关于春申君当时开浚春申塘的主要原因，主流说法是因为该地区没有自然水域沟通外支水系，春申君因当时治水松江，要导流入海，“通水路，去险阻”，所以开掘了这条水道。春申君生活的时代距今约2 300多年，彼时马桥俞塘向北经青浦徐泾、嘉定外冈和江苏太仓等一线的以西地区已形成陆地，原上海县境尚未完全成陆，因此处在淀泖蝶形地边缘地带，地势低洼，平均高程在3.4米，土质主要为青紫土及黄斑青紫土和青黄土。而春申塘穿越“竹冈”（距今4 000年）的“冈身带”，一部分位置处于“冈身带”的外侧。根据这种特有的地形地貌特征，以及这一时期海岸线的形成变化，可以认为春申君当时开浚春申塘的原因之一是“排涝”，即通过春申塘将松江、青浦地区的涝水排出、入海，解决“内患”问题。

春申塘开浚后，据《上海县水利志》记载，上海县建县以来，春申塘曾进行过11次记录在册的大规模整治，其中明代整治3次，清代整治4次，民国时期整治2次，1949年后整治2次……从整治历史看，春申塘就是一部流动的水利史书，记录和传承了中国劳动人民对地方水利设施进行建设、维护的丰富经验和卓越智慧。

2. 春申塘的文化遗迹

上海民间有一首儿歌至今流传：哪郎哪，郎哪哪，爷娘去开黄浦江，而后再开春申塘，领头的大爷叫春申君，住在伲村黄泥浜。这首儿歌以及嘉定区的“黄渡”等地名，都是春申君在民间留下的痕迹，也都显示了春申君黄歇和上海的密切关系。

春申君，楚国人，与齐国孟尝君、赵国平原君和魏国信陵君被称作“战国四公子”，“此四君者，皆明智而忠信，宽厚而爱人，尊贤而重士”。《史记》中，《秦始皇本纪第六》《楚世家第十》《赵世家第十三》《陈涉世家第十八》《白起翦列传》《孟子荀卿列传第十四》《平原君虞卿列传第十六》《春申君列传第十八》《吕不韦列传第二十五》《游侠列传第六十四》《太史公自序第七十》等11篇若干处，以及在《资治通鉴》《战国策》等历史名作中均提及春申君。其中，《史记·春申君列传第十八》对春申君其人其事更是作了十分详尽的叙述。春申君任宰相前“智”，任宰相后“昏”。

“智”者，“顷襄王以歇为辩”，使其出使秦国，黄歇先以“口才之辩”说服秦国不出兵楚国，后只身说服秦国归还作为人质的楚国太子。得功劳如此，太子即位为考烈王后（前263年），任命黄歇为宰相，封为春申君，赏赐淮北地区十二个县。

春申君任宰相后，所作所为无不系于“富贵”二字，让宾客“蹑珠履”与赵使竞豪奢即为一例。彼时秦国日益强大，任宰相后十五年，黄歇向楚王进言，“淮北地区靠近齐国，那里情势紧急，请把这个地区划为郡治理更为方便”。并同时献出淮北十二个县，请求封到江东去。考烈王答应了他的请求，春申君就在吴国故都修建城堡，把它们作为自己的都邑。应该就是在这段时期，春申君开浚了春申塘。

任宰相后二十五年（前238年），考烈王去世，春申君未听从门客朱英之谏，中李园圈套而被谋杀，其“昏”也，“当断不断，反受其乱”。

斯人已故，春申塘存留于世，对上海影响不可谓不大，上海人民为此立“春申君庙”“春申庙”“春申君祠”等。上海别称“申”，据说也是因为春申君的封地位于上海。

在上海通社编辑的《上海研究资料》一书中，“风水”篇专门提到了两个庙，其一是众人皆知的“城隍庙”，其二就是“春申君庙”。关于“春申君庙”，书中说，“春申君庙”建于明永乐六年（1408年），因地为唐姓所捐，内祀三茅真君，故又称三茅阁。嘉庆七年（1802年）由潘启仁改建，咸丰三年（1853年）毁于兵。庙址又经西人租用，后来邑人于是移建于城内穿心街，专奉春申君，三茅真君便被废去。关于“春申君庙”的确切庙址，应在今天大家熟知的山东路、河南路、延安路一带，但遗迹已难寻。

1958年前，据说在现在沪闵路以西、春申塘以北处，尚存一座“春申庙”。此庙初建于宋朝，清雍正、乾隆、嘉庆、道光年间屡有增建、重修。因1958年拓建沪闵路而被拆除。可以判定出，“春申君庙”与“春申庙”并非一庙，但都是后人为纪念春申君而立的。

在松江区新桥镇春申村，建有一座“春申君祠”（图4.23），2002年10月举行了重建落成仪式，同时落成的还有高3.6米、长36米的“上海之根”大型铜雕，寓意上海由此而发展。春申君祠四周环水，长方形布局。东面是一间祠堂，上面一方匾额：春申君祠，乃程十发的书法；西面相对的是一方照壁，上面有故事浮雕和文字记略。

2004年6月，上海市政府在地中海之滨的法国马赛植物园，举行了中法文化年马赛“上海周”开幕仪式，赠送给马赛人民一座可以触摸、亲近的中国式园林“上海园”，作为两座友好城市之间的永久性纪念。占地1 600平方米的上海园，其主体建筑名为“春申堂”（图4.24），是一座典型的中国式厅堂，室内的横匾与楹联、传统的挂落与中堂，充满着浓郁的东方文化气息。

图4.23　春申君祠

图4.24　上海园“春申堂”

行于岸边，历数春申塘的过往；驻于桥上，惜叹春申君的生平！春申塘又何尝不是一部流动的史书。

事实上，春申塘的相关历史不仅仅只有这些。春申塘与春申君关系非常密切，春申君对上海的影响也非常大，挖掘这段鲜为人知的历史，有利于更好地做好水文章。

上海地区，历史名河不少，但不是所有河道的历史都很悠久，丰厚博大。当走过这样的一条河道时，是否会不由自主地停下脚步，想想那段尘封的历史呢？如今的春申塘附近已经成为附近居民的休闲好去处，走过这里时，又是否会想起这背后的故事呢？

4.8　迷人的嘉定古城

在上海的西北角，有一个颇有古韵的水系——嘉定城河水系，2006年城河水系全面启动综合整治，正式进入河湖人的视野。城河水系由嘉定城河、市心河、练祁河和横沥河组成，其中嘉定城河是上海唯一保存完好、河势稳定、有一定规模的古代护城河，不仅平面上形成闭环，还在城区与市心河十字交叉，市心河穿越嘉定城河后与南北向的横沥河和东西向的练祁河相连，形成一个完整的“十字加环”水系，其上点缀了水关、古城墙等，串起了嘉定城八百年的辉煌历史。

1. 河道名称的由来

嘉定城河，旧时也称城濠、城河、外城河，俗称环城河，在嘉定城外呈环状。1994年为避免与市郊其他区、县城河之重名，更名为嘉定城河。

练祁河，“练祁”宋时写为“练圻”，又名练渠或称祁江，雅名练川或练水。“练”原指雪白的熟绢，以练祁为名，是形容水的清澈。“祁”通“圻”，意谓“方千里之地”。以“圻”为名，以示流域宽广，河岸曲折。练祁河各段均有别名：嘉定城东的称东练祁；过宝山罗店后东北流的称东小练祁；嘉定城西的称西练祁，俗称周塘；流经城内的称穿城练祁、市河，顾浦以西至徐公浦称西小练祁；从东门外至新泾，1986年改道南移，留下的称老练祁塘。练祁历以塘为通名，1994年更名为练祁河。

2. 河道的历史演变

嘉定，古为禹贡扬州之地，唐代古镇因练祁河得名，称练祁市。南宋嘉定十年十二月初九日（1218年1月7日），宋宁宗赵扩在奏疏上写下一个“依”字，设县治，以年号为名，嘉定就此诞生。这片曾经的“犷悍难治之地”，由此走向“清嘉之土，安定之地”。

首任知县高衍孙到任之初，除了立孔庙建县学，还干了一件大事，那就是组织人员开挖护城河，即今日的环城河。从那时起，嘉定主城区十字加环水系开始成形，“十字”即横沥河和练祁河，“环”即环城河。不过，建县之初，嘉定城范围较小，因此护城河没有现在这样长。元、明两代对城域有所扩展，护城河随之外扩。明嘉靖三十二年（1553年），知县万思谦重建城墙，扩辟城濠，遂成现状，护城河形态基本确定，直至今天都没有太大变化。

如今的嘉定城河长6.47千米，市心河为十字交叉河道，全长4.069千米，河湖面积约0.049平方千米，练祁河延伸至宝山，直达长江口，全长28.613千米，河湖面积约1.341平方千米，横沥北接浏河，南至沪宁高速，全长21.606千米，河湖面积约0.952平方千米。

3. 河道的文化遗迹

护城河，顾名思义为护城之用。但抵御外敌仅靠一条河显然不够，依河而建的城墙便应运而生。城池的兴建，既起到防备外来势力侵扰的作用，又是地方执政者便于治理之需。城墙建设之初，限于财力，当时的城垣只是以土夯筑。

元至正十八年（1358年），张士诚遣将吕珍改用砖石重筑，共计周长1 694丈（明代度制，量地尺1丈为3.27米；营造尺1丈为3.2米），高1.5丈，基宽4丈，面宽3丈；设4座城门；建东、西、南3座水关。嘉靖十五年（1536年）又增筑北水关，并于水关上建楼三楹。嘉靖三十二年（1553年）倭寇侵犯嘉定，知县万思谦再以砖石改筑城墙，周长增至2 266丈余，基宽5丈，历时5个月告成。

遗憾的是，嘉定的古城墙，后来几乎完全湮灭在历史的长河中，仅剩下几处城墙遗迹。城门洞用硕大的青砖砌成拱形顶，近两丈高，但并不像电影里的城楼上刻着“嘉定城”或“振武门”，而是光秃秃的。

20世纪50年代初，嘉定古城墙就已凋敝。远远望去，已经没有了城堞的北城门，好像只是一个高高的土堆子（图4.25）。走近了，才能看到那青灰色的城砖和黑乎乎的城门洞，城上的更楼，也早已坍塌不见踪影，只散落着几只石鼓墩和零星的残垣断壁。原本铺在城楼

图4.25　1951年，嘉定城西北角

上的大块青砖已经丢失不少，到处坑坑洼洼，长满了野构树，砖缝里的野草足有一米多高，城楼西侧的不远处，内外城砖，荡然无存，剩下的只是高高的土堆子，见缝插针地栽着附近农家的各色蔬菜。

听附近的老人说，在北城门城门洞里南北居中的地方，就是城门了。那个时候，城门还是两扇足有三寸厚的实心木门，表面还包裹着厚厚的铁皮，铁皮上轧制出浮雕般的圆形花纹，尽管锈迹斑斑，有几处翘了起来，但还是不失当年的威风。在城门洞的东侧城内，紧傍着城墙，在东向西有一座登墙的砖梯，也有几十级，都是用清一色的城砖铺成，没有栏杆扶手，也不宽，好像两人交汇还嫌紧。城外三四十米，就是外城河，河上就是北吊桥，只是不知道什么时候，改成了固定的桥。桥面看上去要比城门洞更窄一些，虽是老旧，但还算结实，有木制的护栏，桥面桥桩也是木制的，桥桩用整根的圆木、桥面用很厚的板材铺就。而且，在汽车轮子宽的部位，桥面上纵向铺了两块一尺来宽厚木板加固桥面。里城河的桥和外城河的桥制式和宽窄是一样的，并不比城门洞来得宽，不过短了很多，大概只有三四米长，狭小的里城河，盛夏长满了芦苇、野茭白，蛙声一片；隆冬则是一片枯黄，几乎没有水，浅浅的积水大多也冻成了白花花的冰碴子。

北城门城楼东侧百米之遥的地方是水关，水关横跨横沥河，驮着古城墙向东延伸。水关为单拱，人可在拱城上行走过河。水中有木栅栏的蝴蝶门。门关上时，门顶和拱顶一样呈拱形，但没有石拱高，弧度也不一样。早年木栅拱门定时开放，由北城门楼上的守门人兼管。水关的河东、河西，均有曲折的纤夫道。横沥河东的一段城墙较为完整，特别是城墙的北坡尚有城堞。

嘉定古城墙其他城门的境况也相差无几。南城门的两侧，东到水关，西至现在的城中路，城河和城墙之间，依城傍水，民居鳞次栉比，客观上也起到了保护城墙的作用。直到20世纪90年代后期，西段民居拆除，依靠已经觉醒但仍然不多的文物保护意识，为后人留住了那段城基和城基上的椿树，建成了南城墙公园。

同样在20世纪90年代，处在风雨飘摇中的南水关获得新生，在原石拱的基础上，重建了南水关。后来又拆了民居，修复古城墙，增建“九卿轩”，形成了现在的南水关绿地（图4.26）。

图4.26　20世纪90年代，嘉定县城南水关

相比之下，西门的城楼城墙也许是沾了西门商业繁荣的光，是嘉定四城门中保留最完整，也是最后一个被拆除的。城楼与水关仅几丈之遥，相映之下威武尚存。城墙高两丈余，底部均用条石砌成，有3°～5°的仰角，城堞俱全。虽然原本三层的楼仅剩两层，但是雄姿不减当年（图4.27）。

图4.27　嘉定西门月城与城楼

除了这一段段无时无刻不在记录嘉定辉煌历史的古城墙，嘉定城河沿线其他历史遗存也很多，人文底蕴丰厚。其中始建于南宋嘉定年间的嘉定孔庙保存完好，素有“吴中第一”之称。而从嘉定近800年的历史来看，嘉定还是一个名副其实的历史文化名城，典型的江南水乡，素得舟楫之利。这里民风淳朴，文风鼎盛，素有“教化嘉定”的美称，仅明清两朝就出了3个状元、134个进士、979名举人。到了近现代，嘉定更是人才辈出，著名外交家顾维钧、吴学谦、钱其琛以及著名的爱国实业家胡厥文、吴蕴初都在这里出生。

历史车轮滚滚向前，蔚为壮观的嘉定城垣被逐渐拆除后，只有护城河较完整地留存了下来，时至今日成为上海地区唯一保存完好且依旧具备实用功能的古代护城河，乃是嘉定之幸，上海之幸。

除了今日依然可见的历史遗迹，护城河边那些代代相传的过往，更是不应忘却。明嘉靖年间，夜起小便的石童子那一声“贼兵来了，贼兵来了！”唤醒了守城士兵，救下了嘉定城，自己却舍身就义。

4. 河道的新生

2006年起，城河水系陆续实施综合整治，练祁河首先整治的是西段（西环城河—顾浦河）和东段（东环城河—澄浏公路），共整治河道12.7千米，疏浚土方94万立方米，新建护岸20千米，敷设截污管道3千米，沿河建设绿化34万平方米，新建防汛通道3万平方米。此后，练祁河（盐铁塘—庙泾）、练祁河（李家桥—杨泾桥）、横沥（宝钱公路—环城河）等河段陆续开工治理。2008年嘉定城河泵闸启动改造，计划整修东门节制闸，拆除原南门10米橡胶坝及泵站，新建泵闸一座，拆除原西门8米橡胶坝，新建节制闸（8米）一座，拆除北门老泵闸，新建泵闸一座。但在整修东门节制闸时，与嘉定古城的历史不期而遇，工程让位于文物保护，历经数年，东门泵闸才移位完工。城河水系终于逐年完善，古城的防汛除涝体系也日渐巩固。

2008年10月，嘉定镇凭借“十字加环”的河网水系、古桥老街，以及孔庙、法华塔、秋霞圃等众多文物胜迹，形成了丰富而独特的历史文化风貌，被命名为中国历史文化名镇。2014年4月，嘉定城墙遗址（包括南城墙、南水关、西城墙、西水关、北水关遗址）被列为上海市文物保护单位。

2018年7月，聚焦“水安全，水环境，水景观，水生态，水文化”，在嘉定城河内圈建设贯通了环城河内圈步道，步道沿嘉定城河的河岸边铺设，总长度6.5千米，宽2.5米。整个环城河步道内圈工程新建了水关桥、练祁河桥、清镜河桥3座桥梁，并打通了11处桥下通道，将环城河内圈连成一个完整的闭环，兼具城市绿道功能。伴随着环城河步道内圈贯通，紫藤园、西大街、儿童公园等丰富的名胜古迹与现代景观串联，水关、古城墙、城河水系与环城绿带连成一体，充满诗意与人文气息，构似一幅申城的“清明上河图”。

八百年，沧海桑田。一代又一代人在这片土地上辛勤劳作，披荆斩棘。如今，战事频发的年代已成过往，加之城市外延不断扩张，完成历史使命的护城墙不可避免地化成残垣断壁。城墙虽然不复存在，但城河那些岁月深处的故事，那些斑驳的记忆，终将被人们记起并流传开去。悠悠护城河，也将见证着这座古城的辉煌以及充满希望的明天。

4.9 上海之根松江府

“十五”计划以来，有一个新城横空出世，其以泰晤士小镇为代表的绿色生态、宜居宜游让人津津乐道，甚至一度忽视了一旁默默守护了千年的古城。2008年，以松江市河综合整治为代表，松江古城水系全面梳理，环境治理同步推进，古城开始脱胎换骨，揭开了神秘面纱。

1. 河道名称由来

松江市河，位于上海松江老城区，又名松江镇市河。1994年，将原古浦堂东段（油墩港—秀春塘）并入老市河，改名松江市河。

松江市河是黄浦江的一条支流，因流经古松江仓城，当地人也称之为仓河。松江市河虽然不宽，但周边水系发达，粮食经年丰产，使松江成为著名的鱼米之乡。

今天的松江市河是一条区管河道，全长3.941千米，河湖面积0.112平方千米，仍然是松江老城区东西向的一条主要河道。

2. 河道的文化遗迹

明代，松郡为天下名郡，史称“东南一大都会”，为全国33个工商业城市之一。松江府乃漕粮重地，每年上百万石的税粮从古松江仓城松江市河出发，取道京杭大运河，运往京师和指定的公仓。漕运的发展带动了城市的建设与繁荣，促进了贸易发展、商品流通以及文化传播，不仅使松江成为上海工商文明的源头，而且漕帮粮运的物流管理和仓储管理思想，为上海成为现代物流中心提供了厚实的文化底蕴。

古松江仓城在今天的上海市松江区中山西路一带，仓城地名来自当地是明清两代松江府的最大漕粮仓储地和漕运始发地。仓城筑四门，米业兴旺，松江市河两岸，宅第、商铺鳞次栉比，明代松江一直有“苏松税赋半天下”之说。如今的仓城，已是历史文化风貌保护区，保留了“上海之根，文化之源”特色的传统风貌，有大仓桥、云间第一桥、葆素堂、杜氏雕花楼、思鲈园等古迹。

非物质文化遗产传习基地——杜氏雕花楼，是松江的区级文物保护单位。杜氏雕花楼位于中山西路266号，占地面积617平方米，建于明朝旧宅基础上。原房主为杜氏。现存四进，前三进为走马楼，第一、二进为清代老楼，第三进建于民国，第四进为杂院。杜氏宅的精华在第三进，建成后即作为杜怡清（民国时曾任松江区区长）的婚房。该楼豪华富丽，腰檐枋木雕有穿枝二龙戏珠图案，其他外露的木构件和门窗隔扇均精细满雕了中西式图案花纹。作为结合中西建筑装饰于一体的传统走马楼，其风格体现了松江近代建筑对域外文化的吸收和融汇，在松江仓城历史文化风貌区的清末和民国建筑中具有独特的审美价值（图4.28）。

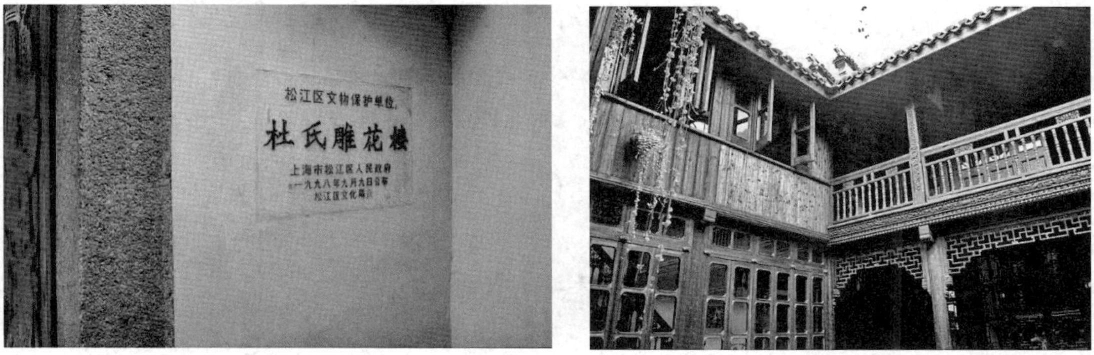

图4.28 杜氏雕花楼

云间第一桥坐落在松江城中山西路尽头，横跨在古浦塘上，初建于宋代，系木结构大桥，南北向，初名安龙桥，因横跨古浦塘又称跨塘桥（图4.29）。相传在明代某年端阳节，人们挤于桥上观赛龙舟，此桥因超重而坍塌。明成化年间（1465—1487年），徐阶等人倡议，知府王衡在旧址上重建，以青石与花岗石构筑3孔拱形大石桥，高8米，长30余米，是当时松江最大的一座桥，从此，改名“云间第一桥”。该桥在清同治年间（1862—1874年）曾再度重修，并在桥的东边石栏外镌刻“云间第一桥”五字，桥柱上刻有“南无阿弥陀佛”，其意在于祝福过往船家一路平安。1986年，因年久失修，桥拱变形，部分石料在修葺时被换成花岗岩石。但五百多年来，石桥保留着原有端庄雄伟、古朴典雅的风貌，极为可贵。

图4.29 云间第一桥

3. 河道的新生

2008年，松江市河实施全线综合整治，新建护岸8.26千米，敷设截污管道1.63千米，沿河建设绿化5.07万平方米，新建防汛通道1.65万平方米等，两岸石堤岸及船埠、石级都得到修缮，河岸边的古建筑修旧如旧，错落有致。“路接张泾近，塘连各水长。一声清鹤唉，片月在沧浪。”松江市河和仓城历史文化风貌区相辅相成，古老的松江老城和蓬勃的松江新城宛如两颗明珠，嵌在“上海之根”，璀璨夺目。

4.10 马桥荷巷桥水系

闵行马桥镇西南角，有一处颇具古朴风情的江南古村——彭渡村传统村落（也叫作荷巷桥传统村落）。荷巷桥村落整体风貌特征为“曲水弧街，线性布局”，水系连通性和自然弯曲度好，乡村聚落随河就势，形成带状的聚落群体，宅前屋后零星点缀着一些林地和菜园，传统民居为白墙灰瓦坡屋顶，具有独特的江南水乡特色。荷巷桥水系蜿蜒流经荷巷桥，2008年启动整治彭渡十组宅河，重现了江南传统村落和新时代美丽乡村相结合的风光。

1. 河道名称的由来

荷巷桥村是第一批列入中国传统村落名录的村落之一，兴于清嘉庆年间，初称荷巷桥市，1948年起称荷巷桥镇。因镇形似荷花，周边有五条小溪，荷莲叶盛，又称荷溪镇。因镇小如巷，进镇有一座石拱桥，后人改称荷巷桥，五条小溪也就被统称为荷巷桥水系。

为了便于河湖管理，现今对荷巷桥水系进行了归并，除西河泾、柳条港外，其余统一称为彭渡十组宅河，总长3 586米。

2. 荷巷桥水系的文化遗迹

荷巷桥水系催生了荷巷桥镇，一个普普通通的小镇，小镇上有条老街，是一条原汁原味明清建筑的老街，紧靠西河泾而建，一边是一排二层楼砖木结构的楼房，另一边是青砖黛瓦的平房。不到300米的老街两旁，食品店、棉布店、粮店、点心店、肉食品店、银行等一应俱全。每当清晨太阳刚刚露脸，熙熙攘攘的人们就在这条小街上穿梭，选购商品，小街成了当初被称为马桥邻松片农村最繁华的地方（图4.30）。

图4.30　荷巷桥老镇

闵行区不可移动保护建筑金庆章故居就位于彭渡十组宅河，坐落于一排平房（图4.31）。金庆章在清光绪二十四年（1898年）以官费生身份赴日本留学，进东京弘文学院师范科，后就学于法政大学速成科、早稻田大学法科。1908年6月毕业归国，清廷赏给举人，授官内阁中书。后改官外务部考工司司员、日本股股员。次年，调任驻朝鲜仁川领事。在职18年，朝鲜由日本“保护”国沦为日本殖民地，旅朝华侨处境艰难，金庆章折冲樽俎，多方维护祖国尊严和侨胞利益，为侨民所爱戴，创办仁川侨民小学，自任校长，以培养侨胞子弟。

图4.31　金庆章故居

金庆章能诗擅文，为南社社员，著有《学校管理法》《各级地方行政制度》等作品。1927年秋，出任宝山县县长，正遇严重蝗灾，偕同农民到田间兜捕，并多方劝勉灭蝗，人称“捉蝗虫县长”。不久，调任松江县县长，兼管司法，不因亲旧而有徇私；严禁娼妓烟赌，舆论称颂；修葺松江“云间第一楼”，并撰碑记以保存江东古迹；两度捐款千元建省立松江中学图书馆及闵行孤儿院图书馆；承嗣母遗命，将母私蓄千元捐助地方教育事业。宝山民众对金庆章离任引以为憾，向江苏省政府申请留任，又复任宝山县县长。1932年“一·二八”淞沪战役后不久，宝山县疮痍满目，百废待举。金庆章甘任其难，组织修建境内海塘以排除险情。

1933年，金庆章因病辞职返回故里，抗日战争期间，抵制日伪胁迫利诱，拒任伪职，1946年1月13日，病逝于此。

老街西侧的尽头，走过一座无名桥，便是依河而建的金氏宗祠（图4.32）。金氏宗祠是一处空关着的建筑群，二进院落的建筑，岁月在墙上剥落出片片斑驳印记，是闵行区登记保护建筑。而昏黄日暮中，老街上卖起了马桥豆腐干，如果不是当地老人的坚持，任谁也品尝不到这舌尖上的非物质文化遗产，其他如马桥特色的手狮舞、沪剧演唱、皮影戏与山间民歌等，也与这斑驳陆离的明清建筑老街一样，在夕阳余晖中登场，述说着荷巷桥水系和荷巷桥镇的悠悠过往。

图4.32　金氏宗祠

3. 河湖的新生

2008年，上海市实施创建国家环境保护模范城市消除河道黑臭专项整治工程，彭渡十组宅河是马桥镇重点整治河道，不仅拆坝建桥、疏通河道，还实施了截污纳管和沿河绿化，河道面貌焕然一新（图4.33）。如今闵行区正在修缮荷巷桥的历史建筑，致力于保护传统街巷格局，恢复原始青石板路面，打通断头路，并在现有的整体格局上，打造可以展现当地传统文化的展示馆和休闲商业场所等，相信不用多久，这里又会恢复昔日繁荣的景象。

图4.33　彭渡十组宅河整治前后照片

4.11　通江达海金汇港

金汇港北接黄浦江、南通杭州湾，真正的“通江达海”。2009年金汇港河道整治一期工程开始实施，率先启动人民塘至北横河共计6.2千米河道的综合整治，这条奉贤的母亲河走上蜕变之旅。

1. 河道名称的由来

金汇港，是以乡级行政区名称得名，“金汇”指运河北侧的金汇镇（图4.34）。

图4.34　金汇港

2. 河道的历史演变

金汇港至今已有480多年的历史，可谓是养育了世世代代奉贤人民的母亲河。但金汇港指的不是一条河道，而是三条，分别是古金汇塘、旧金汇港和今天的金汇港。

古金汇塘、旧金汇港和今金汇港这三条河道，可说是经一番爱恨情仇后，你中有我、我中有你。

古金汇塘位于今金汇港西面，始凿于明代嘉靖二年。其北口与今金汇港同位，但向东绕今闵行区鲁汇船厂成一盘陀弯，方折而西入县境迤逦南流，经金汇镇老街西市、齐贤旧镇东街，折而西南行，至益村坝（今齐贤公社龙潭七队地）入南桥塘。明清两代先后有过六次疏浚。1919年又重浚，北起浦江南四里，南至益村坝，于同年清明节竣工。厥后未复疏浚，淤塞日甚。

旧金汇港是为了改变老金汇塘九曲十八弯的面貌，于1958年12月由奉贤的数万民工汇集金汇港畔，填河筑坝，取土挖泥，开凿而成。旧金汇港位于古金汇塘及今金汇港之东，北口与古金汇塘同位，但不东绕，而往东南流，在今金汇乡石灰窑厂处折而南行，经齐贤旧镇东梢，于光明乡屠家湾入浦东运河，全长约9.5千米。此后，古金汇塘渐次湮没，但至今尚有残迹可觅。2017年3月，在金汇镇菜市场门口，发现一块方方正正的青石板，上面刻的“桥”字清晰可见，经奉贤区博物馆的专家现场鉴定，这块石头的确是古老的金汇塘桥的一部分，年代应该是清朝。

因旧金汇港开凿时，未达设计标准，故又于1963年11月9日动工重浚（并兼浚其南接之和尚港），同年12月20日竣工。1969年又于其西开新港。

今金汇港，是根据1977年制订的上海市郊分片水利综合治理规划开挖而成。因金汇港开挖工程量浩大，全线一次开挖有一定难度，故分段实施，以浦东运河为界，分为南北两段，于1978年冬、1979年冬分段开挖而成。金汇港开挖完成后，成为奉贤区一条通江达海的黄金水道，与浦东运河形成南北东西贯通、连接其他支流的河网水系，发挥了通航、引水、排涝、挡潮、调控内河水位与改善奉贤水环境的作用。

今天的金汇港，北起黄浦江，南至杭州湾，位于“上海市水利分片综合治理规划”中的“浦东片”内，是上海市市管河道，全长21.855千米，河湖面积2.19平方千米。金汇港贯通奉贤南北，途径金汇、齐贤、光明、钱桥4个公社和星火农场、军事靶场等地，河道南北两头各建有一座大型水闸。

3. 金汇港的新生

2009年，金汇港河道整治一期工程（人民塘—北横河）开始实施，率先整治河道6.2千米，疏浚土方105.71万立方米，新建护岸11.67千米，新建防汛通道3.74万平方米，新建沿河绿化9.29万平方米等。此后几年陆续完成金汇港全线整治工作，尤其是金汇港穿过南桥新城的河段，和浦南运河一起打造成“十字水街”，紧邻“一湖一园一中心”中的金海湖和中央生态园，组成“十字水街、田字绿廊、一川烟雨、通江达海”的景色，让奉贤因水而美，因水而活，因水而富（图4.35）。

图4.35 整治后的金汇港

4.12 三月俞塘春水生

2010年，俞塘开始综合整治。传说与西晋著名文学家、书法家陆机有些渊源，更是受到了历代文人墨客的推崇，留下了诸多传世佳作。

1. 河道的历史演变

俞塘的具体形成年代已不可考，但从现存最早的记载来看，俞塘的历史比想象悠久得多。南宋淳熙二年（1175年），俞塘就有疏浚记载。由此推论，俞塘至少从千年前，就一直悠悠流淌到今天了。

明中叶时，曾大力兴修俞塘，至河面宽阔；清同治五年一再修治，光绪二十七年再次疏浚。1928年疏浚时，由于经费有限，只得草草竣工。1949年后，上海也曾数次修浚俞塘。1969—1970年，北竹港至女儿泾段截弯取直，形成目前河段。

今天的俞塘流经闵行、松江两区，全长23.910千米，河湖面积0.797平方千米。

2. 美丽的传说故事

传说西晋时期，著名文学家陆机在家读书，最喜欢养些白鹤。秋日的某一天，陆机带了鹤来到天马山东乡（今北桥一带）。陆机在秦皇道的俞塘木桥上放鹤，鹤一出笼，就长鸣三声，凌空飞去。陆机养鹤已有多年，但从来未曾听过鹤叫，因此开心地连声叫好，仿佛自己到了仙境。兴致一起，陆机筹资把这座俞塘木桥扩建为五马并行的环龙石桥。为了纪念在此闻鹤鸣，遂将桥改名为鸣鹤桥。

陆机临终时，还对弟弟陆云讲："华亭鹤唳，尚可得闻乎！"时至今日，仍有路以桥为名，有道路名为放鹤路。

俞塘河沿线的经济价值，在宋代已为人所重视，在元明时期，达到顶峰。当时在松江府所属地区流传着一条民谚："有钱难买俞塘北。"这个俞塘北就是指如今的马桥区域，因为俞塘河连接黄浦江水道，在当时属于地理条件特别优越，沿岸土地又是高阜肥沃，宜种菽麦，于是有眼光的富户在此置田。

其中有一名叫俞元绍的富户，在马桥置田千亩，很多富户纷至沓来，竞相争购。俞元绍当即扬言："虽有珠千斛，不卖俞塘北。"由此，使得马桥地价大大升值，有钱难求，这条民谚从此在民间流传开来，马桥的名气也因此更响当当。这个名气一直延续到20世纪六七十年代后，而逐渐淡化。据后人考证，俞元绍之墓曾葬于原来的北桥镇之南。

3. 河道的文化遗迹

提到俞塘，俞塘钮氏是避不开的一个话题。清康熙元年（1662年），吴兴钮梅山之十三世孙钮大椿，从上海县城迁居十八保十三图俞塘河北岸的俞塘村，就此形成钮氏马桥俞塘支。俞塘钮氏家族历代重视教育，因此书香传世，人才辈出。自雍正至光绪的240多年间，俞塘钮氏子弟入庠为秀才者至少有36名。先后出了1名进士、3名举人和3名岁贡生，因而显赫一方。

辛亥革命先驱者钮永建（1870—1965年），字惕生，出生于俞塘镇1号钮家老宅。1930年3月20日，告别戎马生涯的钮永建以患"偏中风"为由，主动辞去江苏省政府主席本兼各职，回到故乡俞塘"休养"。在他的主持下，私立俞塘民众教育馆于当年5月份正式成立。

在俞塘民众教育馆的倡导下，上海县划分为6个民众教育区，各区设民众学校，组织民众业余认字、笔算。1933年夏，俞塘民众教育馆由私立升格省立，此时的俞塘成了上海西南诸乡的文化源泉、交流中心。1950年下半年，俞塘民众教育馆被撤销。为纪念辛亥革命100周年，2011年马桥镇政府出资修复镕才堂建筑，并于当年10月9日正式建立俞塘民众教育纪念馆。

4. 文人墨客的足迹

古韵缓缓转，笔上来生花。千百年来，俞塘河除了在抵御洪涝灾害、促进水路交通运输、发展经济民生等方面发挥巨大作用。更因其传承至今的古韵，成为文人墨客笔下最好的素材，留下许多脍炙人口的诗。

南宋时，许尚在《华亭百咏》中云："延袤三乡外，东流与海通。河神屡加惠，帆借往来风。"清黄霆留下《松江竹枝词》："初交白露气微凉，点额风吹古墨香。待得沙冈新稻熟，满盘月饼已先尝。"另外还有一首《松江竹枝词》是清朝诗人顾翰写的："北俞塘上草芊芊，风景萧萧异昔年。休说当时难买处，于今择地不论钱。"

康熙二十八年（1689年）正月初九，康熙皇帝南巡。御船经过俞塘时，马桥诗人董含作《南巡歌》："凤舞龙飞五百年，六桥花柳最鲜妍。君恩不禁行人看，放鹤河头泊御船。"

中医学家秦伯未也曾留下一首《三月俞塘》："三月俞塘春水生，春风吹起浪花轻。乡居不识鸳鸯鸟，日日滩头打鸭行。"

1963年，中国第一代先驱水彩画家张眉孙也以俞塘河为对象创作过一幅画作（图4.36）。

图4.36　诗画俞塘

5. 河湖的新生

2010年，俞塘河道综合整治工程（北沙港—北竹港）启动，整治河道长2.14千米，疏浚土方53.1万立方米，新建护岸4.42千米，新建防汛通道1.21万平方米，新建沿河绿化1.75万平方米等，俞塘新一轮的综合整治工作拉开帷幕。

现在的俞塘沿河更是建成了生态环河景观带。这条有历史的河流，已经成了人们茶余饭后休闲娱乐的一处地方。漫步在河边的栈道上，随处可见成群的白鹭在蜻蜓点水，踏波飞行。随着“白鹭忽飞来，点破秧针绿”的画面，垂钓的市民三三两两。随着俞塘综合整治的推进，俞塘还将进一步“蜕变”，这条流淌了千年的古河，将越“活”越年轻。

4.13 良渚与马桥之间

松江广富林遗址保护区河道综合整治始于2010年，原计划新开大浜河、富林河、范家滩、富忠河、高梁泾南段共1.773千米河道，同时开挖富林湖。在遗址保护区内动土，绝对是一件束手束脚的事情，其间又发生了许许多多与古文化遗迹之间的故事，并以远超正常工程工期的状况，最终成就了现如今这座漂浮于湖水中的博物馆。

1. 河道名称的由来

广富林，原称皇甫林、广福林，古代属于华亭谷范畴，孕育了灿烂的广富林古文化，是东吴东部文化、政治、经济和交通中心。

2. 河湖文化遗迹

广富林河湖的历史，离不开广富林文化遗址。

广富林文化遗址位于今松江区方松街道广富林路以北，银河路以南，沈泾塘以东，广富林村及北部一带，是一处新石器时代至东周时期的遗址（图4.37）。广富林遗址首次被发现于1958年，1961

图4.37　广富林文化遗址

年曾进行试掘，正式发掘工作从1999年开始延续至今，发掘的总面积达4万多平方米，成为上海考古史上发掘面积最大的一个考古项目。

可以说，松江广富林文化遗址原始文化考古的新发现在上海考古史上具有里程碑意义。“广富林文化”以广富林遗址发现而获得新的考古学文化命名，实际上，广富林文化的发现增补了上海古文化文明的组成系列，填补了“良渚文化”与“马桥文化”之间的历史空白，为环太湖地区增添了一处新石器时代晚期的文化遗址。图4.38展示了广富林文化遗址的文物。

图4.38　广富林文化遗址发掘的文物

6 000年前，松江的原住民便在广富林一带繁衍生息。至4 000年前，最早一批来自黄河流域的移民来到此地，与原住民共同创造了广富林文化。在民间素有“先有松江府，后有上海滩；先有广富林，后有松江史”之说。因此广富林文化有着上海几千年的历史，又被称为“上海历史文化之根”。

已建成的广富林遗址公园，最具特色的莫过于那座“漂浮”于湖水之中，具有现代中式建筑风格的“金字塔”形博物馆

图4.39 广富林考古遗址展示馆

（图4.39）。广富林考古遗址展示馆展现了人类文明和水之间互相交融的关系，向我们呈现了不一样的上海水文化。漂浮在湖面上的三角形建筑，看起来就像是被洪水淹没的房子，只露出了屋顶，其实在一个个屋顶下面便是水下展厅。

广富林考古遗址展示馆是一座神奇的水下宫殿。展示馆的屋顶露在水面上，自进口处的圆形建筑进入设置在水下的展览空间，考古记忆（崧泽文化、良渚文化）、成陆演变、先民活动、城邑特征形成、松江县府兴盛、上海城市崛起、老上海的近代文明史，在这个时光隧道中，品读四千年上海历史，感受文化传承的伟大。

遗址内的知也禅寺也有着很浓厚的历史渊源，传说是唐代高僧云游到松江，经过十年化缘建起来的（图4.40）。其亭台楼阁，禅茶素斋，都值得去细细品味。知也禅寺和位于西南角的城隍庙、关帝庙，形成了一东一西两个宗教文化区，这也是上海文化海纳百川的另一个体现。

图4.40 知也禅寺

2010年，广富林文化遗址保护区河道综合整治工程开工，虽几经变更，但最终遗址保护区河道综合整治工程为广富林文化遗址公园披荆斩棘、保驾护航。如今的富林湖已成为松江区管河道银河的一部分，富林河、南北河、广富林遗址一河等密布在遗址公园内，和谐共生。而广富林文化遗址不仅让长三角区域的古文明脉络更加清晰，更是追溯海派之源，览尽上海千年历史。“文化遗存，记载着人类的文明和进步，见证着城市的兴起和发展，无论是断壁残垣，或是深埋水土，它的存在，永远是这座城市走向未来的精神家园！”

4.14 掌上明珠淀山湖

淀山湖不独属于上海，位于上海青浦与江苏昆山的交界处，其形似葫芦，面积62平方千米，上海约占三分之二，是上海市最大的淡水湖泊，也是黄浦江的源头，上海市的重要水源地，将之称为上海的“掌上明珠”一点也不为过。

淀山湖上海境内的环湖岸线约36千米，继《红楼梦》之上海大观园后（图4.41），沿湖又保存和修葺了一大批文物古迹，还新建了

图4.41　上海大观园

上海水上运动场、上海国际高尔夫球乡村俱乐部、上海市青少年野营基地、福克游艇俱乐部、度假村等旅游设施和景点。至2010年，结合太湖流域水环境综合治理，先期启动了急水港至莲湖港段的淀山湖岸线及周边水系生态修复工程，在防洪保安全的基础上，淀山湖水生态修复工作正式启动，湖区生态环境日益向好，东北角的彩虹桥更成为网红打卡地，“掌上明珠”大放异彩，成为又一处“东方的日内瓦湖”（图4.42）。

图4.42　淀山湖环湖岸线

1. 淀山湖名称的由来

淀山湖，旧名薛淀湖，俗称甜水湖。宋代以前无淀山湖之名。宋、元以后，江南经济快速发展。至南宋绍熙年间，在一部名叫《云间志》的地方志上始见“薛淀湖”（图4.43）。“薛”者，指云间

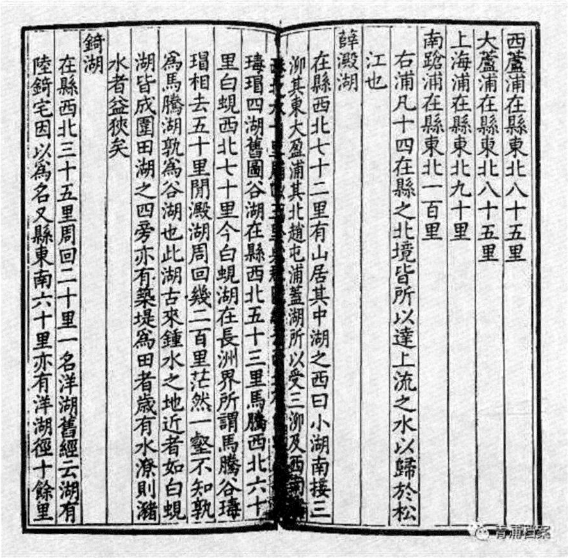
西蘆浦在縣東北八十五里
大蘆浦在縣東北八十五里
上海浦在縣東北九十里
南蹌浦在縣東北一百里
右浦凡十四在縣之北境皆所以達上流之水以歸於松
江也
薛澱湖
在縣西北七十二里有山居其中湖之西曰小湖南接三
泖其東大盈浦其北趙屯浦蓋湖所以受三泖及西[illegible]
[illegible]
瑇瑁四湖舊圖谷湖在縣西北五十三里馬騰西北六十
里白蜆西北七十里今白蜆湖在長洲界所謂馬騰谷瑇
瑁相去五十里閒澱湖周回幾二百里茫然一壑不知孰
爲馬騰孰爲谷湖也此湖古來鍾水之地近者如白蜆
湖皆成圍田湖之四旁亦有築堤爲田者歲有水潦則瀦
水者益狹矣
錡湖
在縣西北三十五里周回二十里一名洋湖舊經云湖有
陸錡宅因以爲名又縣東南六十里亦有洋湖徑十餘里

图4.43　南宋绍熙（1190—1194年）《云间志》

“九峰”的薛山，淀山湖因地处九峰三泖，九峰中有薛山，“淀”则指湖面正在冲积成淀，因此薛淀湖的名称与九峰三泖的自然景色有关。另外一种说法是当时淀山湖边蒿草丛生，水萍茂盛，名其“薛”，“淀”则是湖泊为浅的意思，故叫“薛淀湖”。

宋代后期，才称“淀山湖”。一个说法是湖因山名。历史上曾有“淀山虽小，却是九峰之祖”的说法。明代松江名士陈继儒有诗“谁知石一拳，遥作九峰祖”，故“因水中有淀山，而称淀山湖”。另一个说法是淀山湖因上游水缓，湖中泥沙日积，渐成淤淀，故湖以淀名。还有一种说法，称淀山因在湖中，经数代之变迁，山周围都化为桑田，以“山”“淀”合称为淀山湖。

2. 河道历史演变

淀山湖“秦时陆沉为谷，曰谷水，下通松江”（1990年《青浦县志》）。从历史记载来看，淀山湖古为陆地，水形态约在战国至汉代才逐步形成。因地处太湖平原的最低洼区，附近湖荡十分密集。自北宋以来水患日趋严重，随着水位抬高，造成许多低田相继积水成湖。北宋熙宁（1068—1077年）年间，水利专家郏亶记载了当时的状况：苏州除太湖、昆湖、承湖、阳城湖、沙湖外，其余几十处“皆积水而不耕之田地。其水之深不过五尺，浅者可二三尺，其间尚有古岸隐见水中，俗谓之老岸”。加上海潮倒灌，“海潮大入云间、胥浦、仙山、白沙荡为巨壑，漫及苏、湖、秀，邑不复可耕”。最终，淀山湖与许多湖泊一样，从地势较低而平坦的陆地，间有数个小湖沼泽，而逐渐连成一片。到南宋绍熙年间已扩展成一个“几二百里，茫然一壑”的薛淀湖。至绍熙《云间志》曰：“薛淀湖，在县（华亭县）西北七十二里，有山（淀山）居其中。”由此可见，此前淀山湖可能还未形成较大的湖面，至宋代时期才真正成形。

南宋以后，随着人口的增加，围垦造田日益严重，加上自然泥沙的淤积，淀山湖湖面逐渐缩小。因农田水利是立国安民之本，历朝历代都曾对淀山湖及其周围排泄水道进行筑堤、疏浚。如南宋提举浙西常平刘颖、罗点，元代都水少监任仁发，明代户部尚书夏元吉、右佥都御史海瑞等名臣都曾对淀山湖加以治理，使“民赖其利”。但至元代后期淀山已远离母湖，居于田中，规模从原先的二百里缩小至七十余里，至清代中叶湖面锐减，逐渐而成现今之规模。

目前，淀山湖湖面东西宽9千米，南北长18千米，岸线全长57.9千米，其中上海市境内湖泊面积为45.2平方千米，属于上海市市管湖泊，是青松控制片、商榻片、太北片的分界湖泊。

3. 美丽的传说故事

传说淀山湖湖面宽阔，“淀湖周，几二百里，茫然一壑，不知孰为马腾湖孰为谷湖也”。过湖船只顺风靠扯篷，逆风摇橹划桨。湖上的船工疲劳口渴时会直接舀碗湖水喝。一碗水喝下肚，细细品味觉得有点甜。久而久之，传来传去，大家便随口叫甜水湖。后来有个人挑了一担泥要去填满甜水湖，大家都不相信凭他一己之力怎能将湖水填满，谁知他倒在湖里的一担泥越长越大，竟变成了一座山，后来甜水湖被改称为“淀山湖”。

另一个传说，2 000多年前，秦始皇统一中国后，一次出游经过江浙时，看到有一颗星降落于东方，臣子告诉他此象为天神下凡，说明东方有王气。为了稳住自己的皇位，秦始皇下旨将十万囚徒遣送于此，命令他们连夜挖掘地表，灭了天神的灵气。这些囚徒中有个年轻人叫芈生，他的妻子听说此事后只身前来找他，找到后却只能远远相望。十万囚徒在数年的劳作中，将一片平地挖成了方圆近五十里的湖泊。芈生因劳累过度而死，妻子泣不成声，抱着他的遗体往湖中心走去。此时，天空一声霹雳，把湖水炸开了口子，湖水在她跟前分成两路。她继续向湖心走去，随着雷声阵阵，大雨滚滚，她与芈生被卷入湖中，随湖神而去。在雷雨中，水势滂沱，湖水的面积不断扩大，最终形成了方圆七十二里的湖，就是淀山湖。

相传淀山上有个禅师，在山的西侧筑草庐静修，在山巅建普光王寺，俗称“淀山寺”。寺内文昌阁旁筑有会灵祠，据传秦代有邢氏三女，名云鹤、月华、降圣，各主泖湖、柘湖和淀湖，故又名三姑祠。南宋嘉定七年（1214年）春，大旱，播种艰难。知县命主簿亲莅三姑祠祭祀。不久即大雨滂沱，鱼跃蛙至，是岁获丰稔，民额手称庆。后为朝廷所闻，乃赐名“会灵”。淀山寺规模宏大，大雄宝殿内释迦牟尼佛像高四五丈，佛首有珠，夜发宝光。至此，淀山上有浮图（曰鳌峰塔），下有潜龙洞，寺僧在小山上筑有明极亭、普光寺、龙渊桥、通灵泉、一色轩等，加上三姑祠，后人又添建楼阁，凑成十景，明代任礼部尚书的陆树声有《淀山十景序》，较详细地介绍了淀山十景，可谓湖山辉映，风光秀丽，人称“小蓬莱”。可惜，岁月匆匆，沧海桑田，如今淀山虽在，依然满山翠绿，郁郁葱葱，环境幽静，但山上原有塔、院等已再无踪迹。且淀山占地仅72亩（约4.8公顷），海拔仅12.8米，真正呼应了历史上“淀山虽小”的说法。

4. 文人墨客的足迹

淀山湖从陆地到小湖沼泽，再到汪汪大湖，最终没能逃脱淤塞围垦，而至现今的规模。但是淀山湖的名声，在旧时虽非“五湖”之列，历史和美名却不在“五湖”之下。除秦始皇外，相传汉武帝也到过淀山湖。而自宋至清，更是吸引了不少学者名流，宋代宰相吕颐浩南巡，见淀山湖之美，在南端金泽镇建庵。宋高宗赵构南渡时，曾驻跸于此，赐庵为颐浩寺，并命道崇为主持。颐浩寺几经修建，占地面积达3万多平方米，寺屋楼阁有5 048间，成为江南的佛教丛林之一。元代大书画家赵孟頫、管道昇，明代散文家唐顺之等文人墨客均曾留宿于颐浩寺，并为我们留下了不少书画墨迹和吟咏名篇。

淀山湖的秀丽风光还吸引了爱好湖光水色者游览。

南宋卫泾在《淀湖》诗中称淀山湖是水晶宫：“疏星残月尚朦胧，闪入烟波一棹风。始觉舟移杨柳岸，直疑身到水晶宫。乌鸦天际墨半点，白鹭滩头玉一丛。欸乃数声回首处，九山浑在有无中。”

而南宋词人吴文英在《满江红·淀山湖》中，句句突出淀山湖的阔大，湖中的淀山还引起了海上仙山的想象："云气楼台，分一派、沧浪翠蓬。开小景、玉盆寒浸，巧石盘松。风送流花时过岸，浪摇晴练欲飞空。算鲛宫、只隔一红尘，无路通。神女驾，凌晓风。明月佩，响丁东。对两蛾犹锁，怨绿烟中。秋色未教飞尽雁，夕阳长是坠疏钟。又一声、欸乃过前岩，移钓篷。"

元末大文学家杨维桢（1296—1370年）过淀山湖赴苏州途中，写下来了感怀之作："半空楼阁淀山寺，三面篷樯湖口船。芦叶响时风似雨，浪花平处水如天。沽来春酒浑无味，买得鲈鱼不论钱。明日垂虹桥下过，与君停棹吊三贤。"

宋代华亭人许尚在《华亭百咏 其三十一淀山》诗云："殿阁辉金碧，遐观足画图。维舟一登览，疑陟小方壶。"之后，清代刑部右侍郎王昶在《雨后登淀山望薛淀湖》中也描述"晨飚振微寒，晓雨豁新霁。言访一拳山，绿涯泊兰枻"。古代的文人墨客可谓道尽了淀山和淀山湖的湖光山色。

5. 河道文化遗迹

淀山湖南有鼋荡，西有急水港，东南有拦路港作为进水、泄水的通道，特别是经泖河越黄浦江而直抵海，成为当时的江浙两省的交通要道。加上湖畔自然景色和天然鱼库，淀山湖成为士人隐居、读书、著书之地，带来了文化、学术的繁荣。但因为淀山湖地理位置的重要性，向来被视为兵家必争之地。宋时，大将韩世忠为抗击金兵入侵，在急水港石神庙处，用树木制栅，阻拦金兵来湖；在二浪关设军事要寨，与金兵打了三天三夜；韩世忠战后留下几个负伤弟子，解甲务农，以耕作为生，为了纪念韩世忠抗金业绩，立志耕作的子弟，自称为"郎"，他们将"韩"与"郎"合为村名，成为淀山湖畔的"韩郎村"。太平天国时期，淀山湖畔几乎是太平军抗击清兵的战场。淀山湖历经磨难，周边的庵观寺庙等古迹被破坏得所剩无几。

在这数百年中，淀山湖历尽苦难，但湖畔人民进行了一次次坚贞不屈、保卫家乡的斗争。1949年后，淀山湖迎来大发展，1964

年夏，国务院副总理陈毅同志视察青浦时曾写下《过淀山湖》诗：“又到水天空阔处，西望无涯通太湖。主人船上出佳馔，鱼虾蔬菜鲜而腴。湖水用来酿绍酒，果然水清绿不殊。解放以前此逃薮，抗日曾是游击区。往来帆船千百艘，而今公社业农渔。人人参加大生产，到处安居丰乐图。此湖最近大上海，繁荣可以更速乎！我愿秋凉再来此，满筐大蟹醉糊涂。以庆人民之青浦，以祝人民淀山湖。”陈毅同志的诗句，真实地描绘了淀山湖所经历的风风雨雨，淀山湖为人民所做的贡献以及淀山湖给青浦人民带来的繁荣与希望。

6. 河湖的新生

改革开放以来，不负所望，淀山湖的水果然活了，淀山湖给青浦人民带来了繁荣，不仅为上海市民提供了优质水源，更是成为风光旖旎的淀山湖风景区，蜚声海内外（图4.44）。

图4.44　淀山湖风景区

至2018年，淀山湖岸线及周边水系生态修复工程取得阶段性成果，通过设置消浪措施、湖底生态清淤、营造缓坡浅滩、种植水生植物等，完成13千米堤防达标和岸线贯通，修复湖滨湿地约500亩。特别是网红打卡地“彩虹桥”（图4.45），全长1.47千米，桥梁线型优美，蜿蜒似彩蝶，共64跨，主跨汲取朱家角放生桥古典石拱桥元素，采用5跨连拱型式，传承了古桥韵味，是目前长三角地区最长的人行拱桥，已成为淀山湖又一特色旅游观光点。

目前，在淀山湖防洪堤防达标和生态修复的同时，淀山湖岸线贯通工程正在实施，通过构建环湖滨水生态带，建设慢行系统，满足“慢步道、跑步道、自行车道”等多重功能，并兼顾马拉松赛道要求。同时，计划利用现状青少年野营基地及其周边进行改造，打造集水生花园观光、昆虫世界科普、感官花园体验等多种功能于一体的综合公园，沿淀山湖植入儿童水乐园、森林课堂、绿丘广场、露营基地等生态科普与游憩观赏多种功能，体现水乡文化、创意文化，打造一条交通便利、市民可达、滨水可亲的生态休闲岸线。

图4.45 淀山湖滨水生态带

4.15 青枫泾畔夕阳时

20世纪70年代以后，上海市实施水利控制片分片治理，根据太湖流域防洪规划要求，上海需为江苏、浙江两省客水下泄留出泄洪通道。泄洪通道主要位于水利控制片中的敞开片，即浦南西片和商榻片。从1987年起，上海先后实施了黄浦江上游干流段、拦路港、太浦河、红旗塘等水利控制片外骨干泄洪通道防洪工程，但敞开片内其他泄洪通道普遍没有达到新一轮的太湖流域防洪标准，涉及金山、松江、青浦等区河道。

随着城市建设、经济进步和社会发展，太湖流域的下垫面和雨情、水情、工情发生了很大变化，导致上海西部地区河网洪水位抬升。2005年8月7日“麦莎”台风期间，黄浦江米市渡最高水位为4.38米，创历史新高。2013年10月7—11日“菲特”台风期间，米市渡最高水位达到4.61米，再创新高，上海出现了台风、暴雨、天文高潮和上游洪水“四碰头”的严峻局面，导致西部地区内河水位持续高涨，金山、青浦、松江等11个站点的内河水位创历史新高，洪水漫堤倒灌，严重影响区域除涝安全。金山、青浦和松江等区受灾严重，作为泄洪通道之一的白牛塘也未能幸免。

针对“菲特”台风中泄洪通道的受灾情况，2014年白牛塘率先启动防洪通道堤防达标整治，上海西部地区的泄洪通道逐年防洪达标，不会再现洪水漫堤倒灌的无奈。

1. 河道名称的由来

白牛塘位于金山区西部，以前曾叫白牛荡，古时原为狭长湖荡，后淤塞成河道，“长十二里，广三里，今渐淤塞”（图4.46）。

图4.46　白牛塘

之所以用“白牛”命名，一个说法是民间传说白牛荡曾出现过神磨、仙草与白色神牛，故名白牛塘。另一个说法与枫泾古镇在元代曾名白牛村有关。“白牛”之名，源自对枫泾发展产生过重要影响的北宋名士陈舜俞。陈舜俞（1026—1076年），字令举，号白牛居士，乌程（今浙江湖州）人，少从学胡瑗，北宋庆历五年（1045年），随父迁居秀州奉贤乡九南区（今枫泾一带）。庆历六年（1046年）中进士，授天台从事。入仕后，陈舜俞曾三次弃官隐居枫泾，终日邀友吟诗，牵着白牛往来于白牛荡上，大约后人就称这里为白牛荡了，而白牛居士的归隐之地，便被人们唤作了白牛村。因方言里荡、塘同音，后1994年9月2日批准命名白牛塘。

2. 河道的美丽传说

关于白牛塘的由来，有许多传说。

曾有这么个传说，据说在唐朝年间，这个地方较为荒芜，仅一个村庄，住着三十几户，共一百多人。某天有头大白牛走到这里，大多数村民主张把它宰杀分吃，每人一份。有个头发花白的老婆婆认为这样做不对，拒不接受分给她的牛肉。第二天一个白发银须的老公公持拐杖来到该村，问到这个老婆婆，查问白牛的去向。老婆婆告诉老公公白牛被杀害的经过。老公公很气愤，稍停即对老婆婆说："今天晚上你家人到村北那个小山岗过夜，千万不要讲给其他人知道，你便能逢凶化吉，可保无忧。"说完便不见了。

当天入黑，这个老婆婆按照老公公的叮嘱去做。午夜时天空乌云密布，雷鸣电闪，风雨大作。忽然轰隆一声，顿时村庄都沉没了，成为波涛汹涌、白茫茫的大海，只有中间浮起个像牛的山岗，保住了老婆婆全家的性命。后来人们便命名此地为白牛塘。

另外，枫泾民间至今都广为流传着另外一个关于白牛塘的传说，讲的是一位渔民悲喜交加的故事，却寓意深刻。相传很久以前，有位叫阿大的渔民捕鱼到此。当阿大准备停船收网时，发现一条鲤鱼尾巴跃入水里，阿大瞅准鱼尾击出的波纹，一网撒去，网口套住了波纹。一摆网沉甸甸的，阿大和妻子一起，使出九牛二虎之力才慢慢地将网拉了起来。一看随网露出水面的竟是一根黄澄澄、亮晶晶的金链条，一节又一节，夫妻俩越拉越有劲，贪心的阿大夫妻一心想把金链条拉完，不一会儿船头上堆满了金链。

正当他们拉得开心之时，突然船身摇晃了几下，水面上浮起一头雪白的白牛。白牛伸长脖子，头一甩，船头上的金链条便一节节"哗啦啦"往河里掉，阿大眼看拉上来的金链条将全部被白牛重新拖下水，慌乱中拿出斧头去斩金链条，猛力往下一砍，只斩到一节金链条，而阿大的手指却也砍掉了一根。最后，阿大用完了卖掉这节金链条得到的所有的钱，才把这手指治愈。

3. 文人墨客的足迹

历史上在白牛塘上也发生了很多有趣的故事。清乾隆间人洪坤煊的《白牛居士跨犊歌》描绘了陈舜俞在这边的隐逸生活，如“青枫泾畔夕阳时，跨上乌犍人不识”，“万言献罢归来早，熙宁新法太草草”等。

清初有位陶渊明式的隐者柏古，经常一个人驾船去白牛塘，别人问他干嘛去，他说：“看晚霞耳”。事实上，他满腹经纶，是位懂天文的学者，他看星象要很晚才回家。

20世纪初时有位画家俞明，特别喜欢将白牛塘百亩低洼地作为写生对象。因为此处夏日荷叶田田，莲花盛开，秋冬则芦花似雪，景色迷人。俞明在此作画至终老，故他的不少作品落款都写“白牛荡寓”。

4. 河道的新生

2014年启动的西部地区流域泄洪通道防洪堤防达标工程是一项在上海防洪历史上有重要意义的工程。西部地区流域泄洪通道涉及金山、松江、青浦三区50条段238千米河道。在此之前，仅泖港、秀州塘、六里塘3条29千米河道列入大泖港上游河道防洪工程全线达标，松江茹塘5.2千米河道直至2010年建成达标。大泖港、掘石港、胥浦塘、上海塘4条19.3千米列入平申线航道整治，也就是说尚有42条段184千米泄洪通道亟需防洪达标建设（涉及堤防长度316千米，沿线水闸265座），主要包括防洪堤防新建、加高、加固，堤防内坡保护，防汛道路及堤脚保护，绿化等内容。

白牛塘是率先整治达标的泄洪通道，此后虽不至于固若金汤，但近几年内至少做到防洪无忧，在“利奇马”“梅花”等台风风暴潮中，白牛塘没有令人失望，和其他经过达标整治的泄洪通道一起，牢牢地守护住了上海市民的生命和财产安全，已成为上海西部地区另外一道坚强的防线。

第5章

消逝的河湖

在探索一个地区的文化和文明时，谁也不能无视河流的作用。在孕育文明时，河流的作用是无可取代的。但是，总有那么一些河流，在历史发展过程中，在城市化进程中，因为种种的原因消逝了……

5.1 近代租界的见证者

1933年，英国文坛巨匠萧伯纳来华访问，在一次接受采访时有记者提问："您到中国已有一段时间，是否学会中文了？"萧伯纳微微一笑，说："没有，对于中文，我可以说一字不识。但我对洋泾浜语颇感兴趣。因为大部分语言受语法约束过深，而洋泾浜语却无此弊端。我相信洋泾浜语将成为未来的世界语。"萧伯纳的这番评论自然有玩笑的成分，但"洋泾浜语"知名度之高可见一斑。而"洋泾浜语"的得名显然同那条业已消逝却又鼎鼎大名的小河浜——洋泾浜有关。

1. 曾经的默默无闻

洋泾浜是黄浦江的支流之一，因通往洋泾港而得名。明永乐初年，户部尚书夏元吉治水苏松，洋泾浜被黄浦江拦腰截成两段，浦东段为东洋泾浜，浦西段为西洋泾浜。清乾隆年间，因沿浦筑塘，东洋泾浜便成死水，逐渐淤塞而致消失。因此，后世所说的洋泾浜即西洋泾浜。

洋泾浜蜿蜒曲折，东起今延安东路外滩，西至延安东路西藏中路（今大世界附近），南通周泾（今西藏南路）、西连长浜（今延安中路），全长约1 600米，东段宽约40米，中段和西段宽约60米。对于当年河网纵横交错的上海来说，洋泾浜实在算不得起眼。

1843年以前，洋泾浜两岸尚是一片田野旷地，看不出一丝半点近代城市的影子。一位在上海开埠以前到过那一带的法国海军上将在他的书中曾描述道："它那平庸的外貌具有一种令人害怕的单调乏味的气氛。土地上没有一点儿树木，有一半淹在水里，差不多全部种了庄稼，不计其数的污水沟和小河流纵横交错，到处是坟墩，低矮肮脏的茅屋，其实只是竹子和干泥搭成的破棚子。"

2. 历史的宿命

鸦片战争的炮火打开了上海的通商门户，洋泾浜的命运也随之彻底改变。

1）成为租界的界河

1843年11月8日，33岁的前英军印度炮兵队上尉参谋巴富尔，以胜利者的姿态乘坐"梅杜莎号"（Medusa）货轮抵达上海，就任英国首任驻沪领事。军人出身的巴富尔在谈判桌上咄咄逼人，在与上海道台宫慕久的第一次会谈中就占了上风。6天之后，巴富尔发布领事馆《第一号告示》，正式宣布上海从11月17日正式开埠，并规定从李家庄沿浦（今北京东路外滩）到洋泾浜（今延安东路外滩）之间2 900英尺（884.5米）长的浦西一侧江面，为洋船停泊区，专供外国商船和军舰抛锚、靠泊、装卸。这一区域便是后来的外滩。

然后，巴富尔利用《虎门条约》内有关"允准英人携眷赴广州、福州、厦门、宁波、上海五港口居住，不相欺侮，不加拘制。但中华地方官必须与英国管事官就地方民情，议定于何地方，用何房屋或基地，系准英人租赁"的规定，与宫慕久展开了马拉松式的谈判。直到1845年11月29日，宫慕久用自己的名义，以告示的形式公布了他和巴富尔的谈判结果。在这份称作《上海土地章程》的文件里，划定洋泾浜以北、李家厂（亦作"李家庄"，今北京东路外滩一带）以南约830亩土地租给英商建房居住。洋泾浜就这样被生拉硬拽地拖进了租界。

英租界的建立让法国人十分眼热。法国第一任驻沪领事敏体尼也不甘落后，随即与上海地方政府展开租地谈判。或许是历史的巧合，同样是戎马出身的敏体尼与上海地方官就开辟租界问题也交涉了近2年时间。1849年4月6日，一张由上海道台麟桂签发的布告张贴在外滩的江海新关门口，宣告了法租界的诞生。布告载明了法租界的具体方位："南至城河（今人民路），北至洋泾浜，西至关帝庙诸家桥（位于今桃源路东段），东至广东潮州会馆沿河至洋泾浜东角（今阳朔路106弄一线）。"其面积为986亩。当时全上海总共只有10个法国人（不包括传教士），敏体尼一家5口就占了一半。剩下的除1人住在英租界外，还有敏体尼的翻译、商人雷米以及他的职员。所以，敏体尼事后在致法国驻使馆的信函中还颇为自豪地认为"各国人很羡慕他，想效仿他"。

而洋泾浜摇身一变成为英法租界的界河。

2）短暂的"繁华"

"洋泾浜订旧章程，两国分疆一水横"，英、法租界的相继建立使原先默默无闻的洋泾浜发生了具大变化。依仗着特殊的地理位置，洋泾浜沿岸的发展可谓"一日千里"。装置着铁栏杆的条石堤岸修建起来了，两条煤渣马路也在南北两岸延伸开来，英租界一侧的是松江路，法租界一侧的是孔子路，据说孔子路还是上海最早用中国人的名字来命名的马路。各种各样的中式庭院、西式楼房沿路破土而出，黄皮肤、白皮肤各色人等或居住其间、或行商贩货，一条原生态的河浜完全被西方近代文明所驯化。

1863年，英租界与地处虹口的美租界合并，其正式名称为North of Yang-King-Pang Creek Foreign Settlement，意即洋泾浜北首外人租界。次年5月1日，上海道台应宝时委派同知一人与英国领事组成混合法庭，专门审理租界内发生的以英美等国侨民为原告、华人为被告的民刑案件。这一司法机构被称为"洋泾浜北首理事衙门"。由此可见，"洋泾浜"三字已然化身租界的代名词。

洋泾浜虽说不宽，但过河依旧少不得桥。开埠前，浜上已经有了数座木桥，待到租界建立之后，两岸商贾云集，寥寥几座旧木桥已不能满足人们出行的需要。为了便于两租界的人车往来，浜上陆续新建和翻建了不少桥梁，最盛时，洋泾浜上曾架起14座桥，其密度之高超过了上海任何一条河浜。在这些桥梁中，1553年建造的三茅阁桥是洋泾浜起造时间最早的桥，因附近有一座明代永乐年间造的三茅阁而得名，于1802年重修。1853年，为防止小刀会义军进入租界，工部局将三茅阁桥连同三茅阁一起拆除。后又在旧桥址附近另建一座板桥，仍叫三茅阁桥。

3）洋泾浜的没落

由于沿岸人口激增，附近居民竟然把洋泾浜当作垃圾场，各种生活垃圾漂浮在水面上，发臭的淤泥日积月累，每次涨潮都会搅动淤泥泛起，路人无不掩鼻而过。1863年开始，工部局和公董局就治理洋泾浜一事进行磋商。英国人主张疏浚。1865年，建造公家花园（今黄浦公园）时，填滩用的河泥就是从洋泾浜挖出来的。但法国人觉得还是填浜更加省事。双方在洋泾浜填与不填的问题上你来我往，争论不休。起初，英国人的反对理由是洋泾浜是一条天然防线，所以公共租界不能放弃。可后来租界面积不断扩大，这个理由已无法成立。但是，南京路上的一些大房产商依旧持反对意见，他们担心在填没洋泾浜、修筑新路以后，会影响南京路的商业发展，进而降低他们地产的价值（图5.1）。

图5.1　1890年的洋泾浜

从1863年到1913年，关于洋泾浜的各种治理方案被讨论了无数次，有的也付诸实践，然而这些方案除填没之外，均治标不治本，而英国人又一再拒绝填没。结果半个世纪过去了，洋泾浜依旧污水秽浊，臭气熏天。到了夏季，河水难闻的气味令人窒息。因水量不足，船只大多要等涨潮时方能通过狭小的河道。

4）洋泾浜的消逝

进入20世纪以后，随着租界不断向西延伸，改善城市交通已成为燃眉之急。洋泾浜的治理虽按兵不动，但其周围的河浜却发生了天翻地覆的变化。1908年，上海城厢内外总工程局将南市老城厢以南至肇嘉浜的一段方浜填没，筑成肇周路；法租界公董局则填没了老城厢以北至洋泾浜的一段方浜，辟为敏体尼荫路（今西藏南路）。如此既彻底解决了方浜的污染问题，并开辟出一条南北向干道，缓解了交通拥堵。方浜的填没对洋泾浜问题的解决起到了推波助澜的作用。

1914年6月4日，公共租界纳税人特别会议以380票对2票的绝对优势通过决议，批准授权工部局与法租界方面协商，共同实施洋泾浜填浜筑路工程。当年11月1日，洋泾浜截流封闭，停止航运，填浜工程正式动工（图5.2）。

填没洋泾浜是两租界成立以后最大的筑路工程，英法双方为此也

图5.2　正在被填没的洋泾浜

投入了大量的人力、物力和财力。从当时拍摄的下水道铺设作业的照片来看，埋在洋泾浜里的钢筋混凝土水管直径约1.35米，可以容纳一个儿童在里面直立行走。在填没工程进行的过程中，公共租界和法租界也各有分工：工部局从洋泾浜最西端向东施工，公董局从洋泾浜外滩向西施工，浜上所有的桥梁全部被拆除。洋泾浜被填没之后，工程人员在路基上铺设了碎石路面。原先洋泾浜两侧的孔子路、松江路一并被纳入改建范围，因此建成后的新马路宽达27.45米，人行道也有5.49米宽。

3. 填浜筑路后的演变

原先的洋泾浜成了康衢大道，这条路诞生之初就历经命名风波。

洋泾浜是自然形成，早在英国人、法国人到达上海之前就已存在，所以，从来没有人想到给它换个名字。但是，填浜工程的费用是两个租界分摊的，而且双方各占一半路面，因此，在起名的问题上，“公说公有理，婆说婆有理”，彼此互不相让，谁也不肯吃亏。

后来有人想出一个妙计：用英国国王爱德华七世的名字来命名这条新路，路名的拼写使用法文。因为爱德华七世在位期间，主张英法修好。1903年，他到访法国时曾在欢迎宴会上用法语致辞，由此赢得法国上下的好感。这一建议立刻得到双方认可，洋泾浜填埋后建成的道路被命名为“爱德华七世路”，而法文的“爱德华七世路”译作中文就是“爱多亚路”。1922年，爱多亚路第一次铺上了沥青。1931年，又改铺沥青混凝土路面。

1943年10月，原租界内的道路被大规模地实施更名，166条以欧美人名命名的道路被清一色改换名字，爱多亚路被改为大上海路。抗日战争胜利后，大上海路又被更名为中正东路。

新中国成立后，1950年5月，有关方面以革命圣地延安的名字重新命名此路，是为延安东路。如今的延安东路连同延安中路、延安西路以及虹桥路组成了一条从外滩通往虹桥机场的主干道，成为上海一条靓丽的黄金通道（图5.3）。

图5.3　今日车水马龙的延安东路

5.2 古老的断龙传说

陆家浜西起斜桥，往东经三官桥、广东桥、放生桥、普安桥、海潮寺桥、万宁桥、安平桥而后入黄浦江，长约2千米。明清时，陆家浜为上海县城南郊重要的东西交通干河，西经肇嘉浜、蒲汇塘通松江府，运输繁忙。1926年6月，填浜筑成陆家浜路。

1. 历史的宿命

上海开埠后，商业发展，陆路交通逐渐频繁。而河浜则渐趋淤塞，已不通舟楫，也无潮汐，进而成为发展交通的障碍，陆家浜也未能幸免。

光绪末年，上海开始填塞浜道支流，改筑马路。辛亥革命后，更是开始拆除城垣，大规模填浜筑路，肇嘉路（今复兴东路）、方浜路等以旧河道命名的马路基本都是在这个时期修筑而成。1926年6月，淤塞严重的陆家浜也难逃历史的宿命，被填埋后修建成宽大的陆家浜路。

2. 美丽的传说

陆家浜的民间传说相当丰富。其中，陆家浜龙王庙以及之后产生的断龙和舞龙活动就是极具地方特色和代表性的民间文化遗存之一。

旧时建造龙王庙的地方多之又多，这是因为我国古代是农耕为主的传统社会。农耕的田地受到天、地等众多的自然因素的影响。因此，自然界的变化对农耕收获起到了决定性的作用。可是，古代先民在瞬息万变的自然现象面前，因缺乏科学研究而一筹莫展、束手无策。故而，上到皇帝君臣下到子民百姓，都对大自然产生了一种崇拜、敬仰和畏惧的心态。

在先民们看来，冥冥之中，天、地都有神灵在操纵，人类要在大自然中生存，就必须对这些神灵进行祭祀以示虔诚。在农耕社会，人们最崇拜的神灵就是那些他们认为直接惠及人类且最具威慑力的自然物和自然力，所以在典型的农耕文化中，人类主要祭祀的神灵是管理土地的土地爷、管理雨水的龙王爷、管理生育的送子娘娘、管理牲畜的山神爷等，其中龙王爷就是备受先民崇敬的神灵。

而陆家浜的龙王庙，因有了一个美丽神奇的传说，更增添了一层神秘玄妙的色彩。

传说因为连年的干旱，方圆百里之内，原本肥沃的土地，干得坚硬开裂，这像石块一样的土地，农家当然是无法耕种了。怎么办呢？唯一的办法就是寄希望于神灵，让神灵开恩，普降甘露，惠及民众。于是，就有一个白发老翁挺身而出，资助银两，建造庙宇，供奉龙王，香火连续三年，从未间断。最终感动了神灵，汾水龙王七太子私自出宫，作法下雨，救赎生灵，迅速解除了百姓们的久旱之灾。但是七太子此举却触犯了天规，玉帝大怒降罪，七太子被斩成七段。

七太子为民众捐躯，当地百姓们当然是既悲痛又感恩，因此他们将七太子的残体拼接缝合完整，供到龙王殿的神坛上，连续祭祀七天七夜。在祭祀到第七天的晚上，终于发生了奇迹，七太子的龙体忽然星光闪闪，然后又突然地消失了。在人们的猜度中，它一定是得救升天了。百姓又为此祭祀庆贺了三天三夜，在热热闹闹高高兴兴庆贺的同时，聪明的百姓，又凭自己丰富的想象力，用竹篾、彩纸、漆笔等材料，复制、重现了七段龙体。民间从而诞生了“断龙”。可以说，“断龙”是陆家浜劳动人民智慧的结晶。断龙的问世，便有了龙舞（俗称调龙灯）。

3. 流传的民间习俗

陆家浜路西起“斜桥”，“斜桥”指的是陆家浜路、方斜路、肇周路、制造局路和徐家汇路交汇处。那“斜桥”以前是否真有桥呢？“斜桥”以前确实有一座石桥。

原肇嘉浜向东流到“斜桥”处时，分作两条：一条改向东北流，于1915年被填平筑路，取名“方斜路”；另一条继续向东，在今南浦大桥处注入黄浦江，这就是“陆家浜”。陆家浜与肇家浜汇合处附近，有一座石桥，桥面斜对上海县城“老西门”，因而得名为

"斜桥"。

以前，上海县城的南门外大多是坟山。由上海地区的殡仪习俗，出殡后，殡仪的队伍不能从原路返回，所以一般从南门出城抵达坟山，然后过斜桥从西门返城。

这座斜桥，就是上海出殡队伍返回城里的必经之桥。人们认为，从坟山里引出的煞气，过了此桥后就会一直朝西郊散去，不会随人们进入城里。直到今天，很多迷信的上海人从殡仪馆返家时，依然会在马路上兜一个大圈子，或到人流量大的百货公司、超市中逗留片刻。

1926年陆家浜填浜筑路时，"斜桥"被拆掉了。随后，这里成了沪西南的交通枢纽，方斜路、西藏南路、徐家汇路、制造局路、陆家浜路等多条马路在此交汇。途经此地的多辆公共汽车、电车在这里设"斜桥站"，使"斜桥"的地名一直沿用至今。

4. 遗落的文化遗迹

陆家浜路上老建筑很多，其中有几处都和一个美国传教士范约翰以及他的妻子有关。

"清心堂"位于陆家浜路675号。这里原名"上海长老会第一会堂"，成立于1860年。开办清心书院后，该堂做礼拜就在清心书院内，故称"清心堂"。清心堂初创阶段，堂牧由清心书院院长范约翰兼任。1919年，择地建新堂（即今址），1923年落成，清心堂从清心学校迁出。新堂礼堂建筑平面呈独特的"人"字形。楼上楼下无一根柱子，平顶高悬，地面自边门至圣台略呈波形，在建筑上颇具特色。

1958年，清心堂成为南市区联合礼拜场所。1979年9月9日复堂礼拜，1992年大修，同时新建二层楼小礼堂。1994年3月，清心堂被列为上海市建筑保护单位。

范约翰不仅传教，还办学，清心中学和清心女中（也就是今天的市南中学和市八中学）就是他提议开办的（图5.4、图5.5）。

1860年，大批浙北、苏南难民进入上海，上海动员社会各界出力安置难民，然而难民安置后，大量儿童却无处读书。

图5.4 清心中学

图5.5 清心女中

范约翰通过教友募捐，购进原徐光启家族的“桑园”，办了“清心书院”，招收难民子弟求学。难民子弟中男孩、女孩都有，按教会要求，男女要分开。1861年，在范约翰夫人的帮助下，在原校的对面又办了一所女校，即“清心女中”。

著名物理学家李政道、著名漫画家丁聪、商务印书馆创始人夏瑞芳以及鲍咸恩、鲍咸昌和高凤池等名人，都毕业于清心中学。

1952年，“清心中学”和“清心女中”被上海市教育局接管，男中改为“市南中学”，女中改为“市八女中”。

大林路上的“红房子医院”，靠近陆家浜路、肇州路，已经有130多年历史，因为医院的建筑外墙呈红色，大家亲切地称呼为“红房子医院”（图5.6）。如今“红房子医院”已经是复旦大学附属妇产科医院，是上海三家三级甲等妇产专科医院之一，也是一个传奇。

“上海中学”也曾经在陆家浜路上办学。上海中学的前身，不是上海市上海中学，而是江苏省立上海中学，由几所学校合并而成。改组后的上海中学总办公室和高中部就设在陆家浜商专的原址上。上海中学陆家浜路校区从1927年一直使用到1934年。

图5.6 老红房子医院

1991年，南浦大桥兴建，陆家浜路再次大改建，成为贯穿上海东西又一大动脉的主要部分。2009年，为迎接2010年上海世博会，陆家浜路再度被整修一新（图5.7）。

漫步在如今的陆家浜路上，车水马龙，高楼林立，四处是现代文明的产物，而书场、老虎灶、“南市影剧院”“南陆线”“斜桥”等这些陆家浜生活的点点滴滴，逐渐成为老上海人记忆深处的褪色底片，“大兴街，卖大兴货”的声音犹在耳边回荡，这些消逝的过往生活终将如陆家浜一样，完成自己的历史使命，找到最终归宿。

图5.7　陆家浜路

5.3　故去的“龙须沟”

上海市区曾经有过一条非常重要的河浜，贯穿东西，这就是名闻沪上的肇嘉浜。肇嘉浜从历史中走来，又在历史中离去，20世纪初，由于污水大量排入，污染日益严重，肇嘉浜逐渐形成上海市著名的“龙须沟”，1954—1956年被填筑为肇嘉浜路。

1. 曾经的辉煌

明清时，肇嘉浜主要灌溉西郊地区的农田。由上海旧县城泛舟出老西门，经卢家湾（即罗家河）、徐家汇、七宝、泗泾，通松江城，进而连通太湖水系，是重要的运粮河道。上海县城内及周边的很多商贸活动以及货物集散都要通过肇嘉浜，因此肇嘉浜物流通商意义重大。

1843年以前，肇嘉浜处于原生状态，碧波荡漾、岸柳成行，河水清澈如许，两岸农田村舍错落有致。泛舟浜上，放眼望去，尽是一派江南水乡的旖旎风光。

2. 历史的伤痛

上海开埠后，尤其是1914年肇嘉浜北岸被占为法租界以后，城市化刺破了肇嘉浜“美丽的面庞”。

1914年，肇嘉浜及其沿岸地区开始了史上最大变迁。工厂、商户以及居民开始大量聚集，市井的繁荣也带来市政管理问题。大量工业废水、生活污水通过雨水管道直接排入肇嘉浜。建筑、生活垃圾也都倾倒入浜内。日积月累，河道逐渐淤浅、水质恶化。至20世纪30年代，仅能勉强通航小船（图5.8）。

图5.8　20世纪30年代的肇嘉浜

此后又由于截流筑路等原因，原本为活水径流的肇嘉浜实际上已经成为断头死水浜，沿岸环境及水质进一步恶化。而肇嘉浜一带的居民大多是来自苏北的农民，他们有的是带着淘金梦来到上海，但更多的人是为了生存。1949年前，无锡地区曾流传着一首民谣：“农民背上两把刀，租米重，利钱高！农民眼前三条道，一逃二牢三上吊！”农民要活下去的出路就是“出逃”，背井离乡逃到上海讨生活。尚算富裕的无锡农村都这样，那更加穷困潦倒的苏北农民更对上海趋之若鹜。于是，大量失地农民逃荒来沪，在肇嘉浜两岸落脚谋生。至1947年，两岸有棚户2 000余户、居民约8 000人，成为旧上海最大的水畔棚户区。大量工业废水、生活污水直接排入浜内，各种垃圾也都一股脑儿地倾倒于河道里。日积月累，肇嘉浜就成了上海的“龙须沟”。

3. 历史的归宿

1949年后，上海市人民政府大力整治城市河道。

1951年，陈毅市长在市二届二次人代会上指出："城市建设为生产服务，为劳动人民服务，并且首先为工人服务。"会后，陈毅市长多次召集会议，研究制定上海市城市建设总体规划，其中就包括肇嘉浜的改造工程，在当时的历史环境下，改造工程首选了填浜筑路。

工程前期，拆除了肇嘉浜沿岸大批的简陋房屋，动迁了大量的居民。当时的工务局在龙华等地块上兴建平房，肇嘉浜两岸的穷苦百姓就安排居住在这些平房中。整个改造工程历经2年多的时间，在1956年末，肇嘉浜填浜筑路工程全部竣工，一条全长3 000米、宽40米（后来扩展到63米）的东西向通衢大道展现在市民面前，并命名为肇嘉浜路。

由于上海地区位于太湖碟形洼地的边缘，地势高亢，同时又地处太湖泄水通道尾闾的感潮区内，受排水不畅和潮汐型泥沙淤积的双重影响，河道浚治自古以来就是水利工程的核心问题。虽然历代政府勤加疏浚，但屡浚屡淤，河道淤浅始终无法被根本解决。加上城镇人口集中，商业发达，人为污染和侵占河道的现象也很严重。事实上，从19世纪后期开始，随着租界的扩张以及城市化的进程，上海地区很多河道与肇嘉浜都有着类似的命运，脏乱差已成为这些河道的代名词。

虽然对比老城厢城市化初期填洪筑路与租界早期河道改造的过程和动因，各有不同，但确有异曲同工之处。斗转星移、水陆巨变，上海还有很多路名和地名至今仍旧保留着"浜""泾""河""港"等的后缀，也许这也是一种对历史的延续。

进入21世纪，历届上海市委、市政府高度重视河湖水环境治理，逐年改善水环境，提升河湖水质，全面从严管控河湖面积，制定了严格的河湖填埋行政许可制度，除了要求河湖面积平衡，还要先开后填，河湖填埋现象被遏止。同时鼓励新开河湖，打通断头浜、沟通水系、调活水体，全市河湖面积逐年上升，城市调蓄能力进一步提高。也不用通过路名和地名中保留的"浜""泾""河""港"等字去追述河道的过往，有时候，保留就是最大的尊重。

第6章

新时代河湖文化传承探索

6.1 河湖文化传承的提出

河湖文化是指河流和湖泊周边地区的地理环境、生态系统、传统文化和人文历史等因素相互交融而形成的文化体系，是中华民族丰富而深厚的文化资源，承载着人们对自然、生活和历史的感悟与情感。在新时代背景下，河湖文化的传承显得愈发重要，不仅能够促进人们对传统文化的认同和尊重，还有助于塑造和传达社会主义核心价值观。

随着城市化进程的加速，工业化对水资源的影响以及社会经济发展对生态环境带来的挑战日益加大，河湖文化的提炼和延续也面临着很多问题和挑战。

上海市人民政府印发的《上海市“一江一河”发展“十四五”规划》中提出，坚持发展为要、人民为本、生态为基、文化为魂，以高品质公共空间为引领，推动深度开发，优化功能布局，培育核心产业，打造城市地标，努力将黄浦江沿岸打造成为彰显上海城市核心竞争力的黄金水岸和具有国际影响力的世界级城市会客厅，将苏州河沿岸打造成为宜居、宜业、宜游、宜乐的现代生活示范水岸，实现“工业锈带”向“生活秀带”“发展绣带”的转变，将“一江一河”滨水地区打造成为人民共建、共享、共治的世界级滨水区。

新时代城市建设和发展要重视历史文化的保护利用，河湖建设和管理也要加强水文化的挖掘，探索合适的载体和方式，做好河湖文化的传承。

6.2 河湖文化传承的挑战

河湖文化传承的挑战主要包括城市化与环境破坏、公众意识的淡化和缺乏参与以及信息技术对传统文化的冲击等。第一，在城市化发展的过程中，部分河湖因水质污染、地块建设等原因，被全部或部分填埋，部分河道因功能改变而破坏了原有的生态环境，致使河道两岸发生巨大变化，然而过往历史仅停留在民间坊传，无合适的载体予以记录。第二，伴随现代生活方式的改变，多数人对河湖文化的认知和关注度逐渐下降，导致公众对河湖文化的了解不足，并缺乏对其传承的主动参与。第三，信息技术的快速发展也给传统文化的传承带来了挑战，大众获取信息的途径从传统的书籍、教育等方法转移至互联网和社交媒体，导致传统文化在信息爆炸的时代面临较大的竞争或更易被忽视。

6.3 河湖文化的保护与传承路径探索

针对河湖文化的保护与传承所面临的挑战，结合近年来上海市在河湖文化挖掘和传承上的摸索，初步提出以下几个路径。

1. 以规划战略引领，发展与保护河湖文化

规划战略可为河湖文化的保护与发展提供指导方向和目标。通过制定相关规划，明确河湖文化的保护与发展的重点和优先事项，确立长、中、短期发展目标，为相关政策和行动提供基本依据。同时可加强政府部门的协调与合作，有利于不同部门和利益相关者的协同推进。规划战略能够明确各方责任和职责，加强各部门之间的协作与合作，提高工作效率和整体推进力度。

2022年1月1日，《上海市黄浦江苏州河滨水公共空间条例》正式颁布施行，为“一江一河”滨水公共空间的高质量发展提供了强有力的法律支撑。下阶段建议加强“一江一河”沿线文化保护和传承规划研究，以规划为指导展开各项工作。

2. 加强对河湖文化的挖掘和保护

河湖沿线的文化遗产是河湖文化传承的重要组成部分。整理、保护和传承河湖沿岸的文化遗产是河湖文化传承必要的步骤。建议进一步优化机制和政策，弘扬和保护具有时代或地域特色的文化，如历史建筑、手工艺、传统节日等，确保它们能得以保存和传承，而不会失传。同时，要重视河湖沿线文化遗产的多样性，以堤防设施或历史建筑为载体，采取文化遗产展览、文化活动等形式，把这些珍贵遗产展现给公众。

3. 加强对河湖文化的教育与传播

通过开展各种形式的宣传活动，加深公众对河湖文化的认识和重视，培养青少年对传统文化的兴趣和热爱。同时，利用现代科技手段，如互联网和移动应用程序，推广河湖文化知识和资源。

4. 加强河湖保护与可持续发展的结合

保护河湖生态环境是传承和发展河湖文化的基础，需要推动河湖的生态修复和治理，确保水质的改善和生态系统的健康。同时，也要注重河湖文化的经济价值挖掘，促进当地经济的可持续发展。

5. 深化公众参与，推广和传承河湖文化

通过组织各类征稿、庆典和展览等活动，深化公众参与，有助于进一步挖掘、推广和传承现有河湖文化。此外，创新科技也可以应用于河湖文化的推广和传承。例如，虚拟现实（VR）、数字化技术等可以为公众提供内容更为丰富和形式更加生动的河湖文化体验，激发公众的兴趣和关注。

6.4 河湖文化的传承案例

近年来，在“一江一河”滨江贯通实施过程中，结合《黄浦江、

苏州河沿岸地区建设规划》《上海市“一江一河”发展“十四五”规划》，以堤防相关的工程、设施、场地、构筑物等为载体，建设了一些河湖文化堤防样板段，延续并宣传了各类特色文化。此外，上海河湖文化的传承也做了一些探索，如沿岸历史建筑保留改造、河湖故事原地记录留存、结合滨江开发历史遗存、河道沿岸个性设计、歌曲戏曲文化留存和公益宣传活动等。下面介绍上海河湖文化传承的相关案例。

1. 案例1：苏州河岸工业的遗珠——M50创意园

苏州河沿岸曾是近代工业的集聚地，随意列举几个河岸的老建筑，如面粉厂、纺织厂、美查制酸厂（后改名为江苏药水厂）等，都是外商在中国开设的第一批化工厂。随着时间的流逝，沿岸的老建筑并没有变得破败不堪而面临拆除，反而由来自世界各地的设计师进行重新修复，从而再次展示魅力。例如：匈牙利籍建筑师邬达克为上海啤酒厂设计的厂房，如今成为梦清园的保留建筑；南苏州河路1305号，南苏河创意园区曾获得联合国教科文组织“亚太地区文物遗产保护奖”；等等。苏州河沿岸的老建筑各具风采，M50创意园更是历史悠久，别具一格。

薛松和丁乙是第一批选中苏州河厂房进行改造的艺术家。21世纪初，正逢苏州河河边工厂的搬迁大潮，留下了大片空房，有些厂子倒闭不久，即对外租赁成为小作坊式的服装厂、印刷厂。几位艺术家看遍苏州河南岸、北岸后，最后相中了莫干山路。薛松的经纪代理人劳伦斯把国际艺术圈的人纷纷带了进来，当代艺术的中外交流就在世纪之交的上海开始了，这里叫作M50创意园。

M50创意园所在的厂区建于20世纪30年代，在近一个世纪的时间里，厂房经历了民族资本—公私合营—国有企业的变迁，曾为信和纱厂、上海信和纺织厂、第十二毛纺厂和上海春明粗纺厂。当历史与艺术碰撞出火花后，原本的上海第十二毛纺厂车间成为画廊，技术科办公室成为工作室，而工人浴室成为创意商店……如今，它是上海苏州河畔唯一保存相对完整的工业区，建筑形态覆盖了20世纪30年代到90年代的各种类型。相比其他艺术区建成后的过度商业化、高端化，M50创意园仿佛一方净土，依然面貌如故。据统计，这里30%为画廊，30%为复合新型空间，30%为艺术家工作室，外加一些餐饮配套。

在近20年的发展中，苏州河岸的工业建筑渐渐减少，直到有关部门进行苏州河贯通规划。在规划编制过程中，M50创意园获得市级层面的重视。近几年，随着苏州河贯通工程开展，不断有工作室重新装修，各种艺术交流活动越发频繁，曾经的旧厂房变成艺术交流的沙龙中心，也逐渐成为上海当代艺术云集的殿堂之一，这不仅是对历史遗迹的保护，更是文化的挖掘和传承。

从图6.1—图6.4中可以一览M50创意园的景致。

图6.1　M50创意园夜景

图6.2　室内一角1

图6.3　室内展览

图6.4　室内一角2

2. 案例2：上海老码头

“老码头”是原来的十六铺，经过几年的保护性开发，改造之后的十六铺码头南外滩地区呈现出新面貌（图6.5—图6.8）。以老上海文化、历史为背景的老码头成为区域内的时尚新地标，也成为海内外游客前来上海旅游时值得一去的打卡地。这里的临江弄堂、老式石库门群落流传着上海滩大亨们的故事。闲坐在屋顶的欧式露台，看黄浦江江水滔滔，而楼下曾是黄金荣、杜月笙的仓库……现如今，老码头融合了上海这座城市的艺术、文化、商业与风尚，呈现给了世人别具一格的海派风情。

图6.5 建筑改造

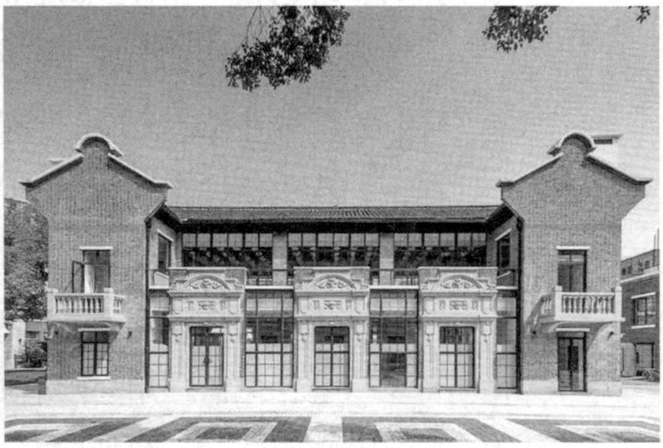

图6.6 演绎广场

图6.7 社区空间

图6.8 文化活动

3. 案例3：上海第一座活水公园——梦清园

梦清园位于苏州河南岸、宜昌路以北、昌化路以西、江宁路桥东侧。三面临水，占地面积86 000平方米，是苏州河环境综合整治中集园林绿化、科普教育场馆、水环境治理工程措施等内容于一体的大型综合性建设项目。

“梦清”二字出自宋词，意为“苏州河重生”，凝聚了几代上海人的梦想。建成后的梦清园，以绿为主色，营造植物共生环境。“水”更是整座园子的突出特色，“园在河中，河在园中”。梦清园中特别布置了一条微缩版的“苏州河”，河流走势和形态均是按现实中的苏州河比例缩放而成。

梦清园是全国最大、也是上海第一座活水公园，绿化率达到84%，以亲水性、大绿量为主要特色。园内有约3 000平方米的翠竹林，种植毛竹、哺鸡竹、慈孝竹等10 000多株竹子，形成了沪上竹林新景观。在北区4 000平方米的园地上，由人工堆造出一座8.4米高的山坡，山坡上种植大量的金桂、银桂、四季桂，形成芬芳浓郁的桂花林；山坡下的道路旁种满樱花。春天，樱花怒放，烂漫如霞；秋天，桂花沁心。园内梦清馆共分为三大部分：一楼序厅“印象苏州河”，二楼“污染沉重的代价”，三楼“未来苏州河”，综合采用实物、模型、图片、影视、多媒体互动等手段，呈现苏州河厚重的历史，包括苏州河水治理的艰辛过程、治理技术手段及当下较好的成效。此外，梦清园的地下隐藏着一座30 000立方米的雨水调蓄池，这是国内首次设计的合流制排水系统调蓄池，也是苏州河沿线的4个调蓄池之一。

作为一座融景观、科学、历史、生态、科普展示为一体的公园，梦清园以其科学艺术结合之美，记录了苏州河的历史，也彰显了西方园林的大气和中国园林的精致（图6.9—图6.14）。

图6.9　梦清园景观石1

图6.10　梦清园景观石2

图6.11　雨水调蓄池

图6.12　大鱼岛

图6.13　梦清馆

图6.14　室内展厅

4. 案例4：诸安浜的历史变迁

诸安浜曾是长宁区境内的古河道之一，在1932年，江苏路以东的诸安浜被填平筑路，取名为东诸安浜路。

据史料记载，诸安浜曾是长宁区境内的一条古河道，西起李漎泾，经三泾桥（在三泾庙东），过万方桥（俗称板风桥，在潘家厍西），沿堰桥（在沈家宅东）、古安桥（俗称圣堂桥），越忆定盘路（今江苏路），过唐家桥（在唐家弄）、余庆桥（在汪家弄），东至涌泉浜（又称永源浜）入西芦浦。浜宽二丈余（约6.67米多），深三四尺（约1米多），可通舟楫。两岸原为菜地荒丘，元末明初，曾有祖籍为浦东的卸任县令盛氏昆仲迁移至此，于东段建造3座老式瓦平房。1906年，公共租界工部局越界筑忆定盘路（今江苏路），诸安浜被截为东西两段，从此分别称东诸安浜（简称东浜）与西诸安浜

（简称西浜）。1932年，东、西渚安浜相继淤塞，变成死水。东浜沿岸陆续建造起民房，住户不断聚集。1937年抗战爆发，战区难民至此搭建芦棚简舍栖息，也有商人置地建造平房简屋出租或开设小厂作坊营利。1938年居民集资填东浜筑路，东起镇宁路西迄江苏路，全长531米。三元村、永乐村、长春里、爱文里、长兴里等小里坊相继出现，形成人口稠密的居民聚落。1949年后，棚户陋房陆续翻建为砖瓦水泥的简易楼房，居住条件有所改善。1983年，东诸安浜路翻筑成沥青路面，后又建造多幢新工房，建有诸安浜菜场等公共建筑，现如今东诸安浜路已是一条车水马龙的城市道路，沿路的居民楼和许多特色商店餐饮为长宁区增添了一抹别样的烟火气。

为了记录诸安浜的演变，于填没后的东渚安浜路一侧设立遗迹介绍牌，原地留存了这一段河湖历史（图6.15）。

图6.15　东诸安浜路遗迹介绍牌

5. 案例5：徐汇滨江水利风景区

上海西岸位于徐汇区黄浦江畔，岸线长度11.4千米，区域面积9.4平方千米，规划开发总量950万平方米，属于“上海2035”城市总体规划中承载全球城市核心功能的高品质中央活动区。这里曾是近代上海重要的交通运输、物流仓储和生产基地。2008年，以上海世博会的举办为契机，遵循“规划引领、文化先导、生态优先、科创主导”的发展理念，启动地区城市更新，对标巴黎左岸、伦敦南岸，上海西岸开启了生产型岸线向生活型岸线的华丽转变。2015年，徐汇滨江荣获“中国人居环境范例奖”；2019年，获批“上海市黄浦江徐汇滨江水利风景区”。其中上海铁路南浦站的修复改造突显了徐汇滨江岸线的成功转型，也是结合滨江开发改造留存河湖历史的典型案例。

清光绪三十三年（1907年），南浦火车站建成启用，与海运合并形成日晖港货栈。1937年，“八一三”事变爆发，上海南火车站被日军炸毁，成为一片废墟，其货运业务和小部分客运业务被日晖港货栈接收。随着运输事业的发展，日晖港货栈被改建为上海铁路分局上海南站，担负起上海市区、郊县物资运输和江、浙两省的水陆联运任务，被称为上海的“南大门”（图6.16）。2006年随着新上海南站建成，上海铁路分局上海南站更名为南浦站。2010年随着世博会召开，黄浦江两岸生产型岸线向生活型岸线转变，南浦站卸下了其作为货运枢纽的重担，大面积的仓储及货运线被还原为净地，相关的业务也被交替至闵行站。践行“城市让生活更美好”的理念，南浦站以另一种方式获得新生。

图6.16　铁路南浦站旧照

原铁路南浦站十八线仓库后来改造为上海“星美术馆”，由法国当代建筑大师让·努维尔设计，美术馆创办人何炬星先生为中国当代艺术重要的研究者与推动者。建筑改造充分尊重历史，以文化展示功能为基础，重塑场地特征，形成全新的文化休闲场所，成为上海西岸“美术馆大道”中独特的文化亮点。星美术馆为单层建筑，保持原建筑轮廓，强化与开放空间的联系，构建独特的、与公众互动的展览空间（图6.17）。保留的坡屋顶形式，形成室外公共区域遮风避雨的缓冲空间，屋顶的金属材料和玻璃天窗完美结合，幕墙和玻璃随着光线的变化，呈现微妙而自然的景观效果。

图6.17　星美术馆室内展览

伴随滨江开发，南浦站部分沿

江区域被精心打造成为徐汇滨江开放空间，其中原址内的一段2.5千米的铁轨、两座标志性的龙门吊、一座火车头和几列绿皮车厢得以保存下来（图6.18、图6.19），向来往游玩的人们叙说过去的货运繁盛景象。承载着时代记忆的优秀工业遗存，在后工业时代中获得了重生，延续了城市历史文脉，为滨江开放空间积累了丰富的历史、人文和载体资源。

图6.18　工业遗迹保留

图6.19　南浦站遗迹

6. 案例6：上海后花园—韩湘水博园

上海韩湘水博园紧邻黄浦江上游取水口，整体规划面积约1 200亩（约80公顷），其中古生态园区占地约400亩（约26.67公顷），古文化园区和乡村休闲区占地约800亩（约53.33公顷）。水博园是以保护水源、保护母亲河、展示黄浦江历史、文化和马桥古文化为主题，以文化展示、生态示范、休闲旅游、科普教育为主要功能的大型生态园区。

水博园由古生态园区、古文化园区和乡村观光乐园组成，其中古文化园区集中发掘和展示黄浦江水文化、马桥古文化及马桥历史文化名人，建有马桥古文化遗址仿真馆、董其昌画院等。水博园以强化历史文化内涵作为景观设置的出发点，因此承载着历史和民风的古桥、镌刻着历史名人名言的黄浦石林、展示黄浦江文化瑰宝的历史文化展示馆、缭绕着农家炊烟的江岸村落展示馆、体验马桥古文化先人刀耕火种的古文化遗址仿真馆，还有董其昌画院、宗族祠堂、水生物科普馆、古桥科普馆等，都逐个在水博园安营扎寨、安居乐业，散发着历史的气息和古文化的墨香，传递着科学、文明、责任和荣耀（图6.20—图6.23）。

图6.20 中式园林

图6.21 大禹治水

图6.22 科普馆

图6.23 千年古樟

置身于水博园中，不难触摸到水博园的建园理念和思路，并为之振奋和感动。背靠五千年的历史，以发掘、传承、延续中华民族悠久的历史文化为目的，以搜寻、集聚蕴含文化内涵和烙有历史印记的具体物件为手段，强化内涵，打造一个具有古风、古韵的生态园林，这就是水博园决策者的建园理念。换言之，也就是以历史为轴线，倒退、倒退、再倒退，把万年的石头、千年的古树、百年的古桥以异地保护的方式集聚在韩湘水博园中，并通过它们向人们展示岁月的沧桑、大自然的神奇和传统文化的精深，从这个意义上说，倒退是一种进步，是一种回归和传承，是为找回已被迷失的自然生态和传统文化的一种努力和探索。

7. 案例7：四行仓库

四行仓库全称“四行信托部沪分部仓库”，位于上海市苏州河北岸、新垃圾桥（即西藏路桥）西北角，由交通银行与北四行信托部于1931年兴建，该建筑被用作金城、大陆、盐业、中南四个银行储蓄会的堆栈，故称“四行仓库”。

“四行仓库”主要用于堆放银行客户的抵押品和货物等，是当时苏州河沿岸规模较大、结构坚固的仓库建筑。抗日战争期间，日伪为保证军需供应，在仓库北、西圈地约30亩（约2公顷）设立“上海特别市中央市场”，成为上海集中经营蔬菜、水果、猪肉、腌腊、南北货、禽蛋、酒业、筋粉、酱菜、药材、柴炭等批发市场。1949年后，四行仓库交付上海市商业储运公司做仓储使用，一度成为国内最大的文化用品专业市场。在苏智良等学者的呼吁下，2014年4月，这栋苏州河沿岸历史建筑，被公布为上海市文物保护单位，并启动修缮（图6.24）。剥除加盖的漆面后，四行仓库露出原本的面容，尤其是西墙，抗战时的弹孔在墙上留下无数个洞，弹孔的原始形态被保留下来，所有参观者直面弹孔墙时，无不感到震撼（图6.25）。

图6.24　历史建筑保护

图6.25　文化活动

四行仓库抗战纪念馆包括序厅、“血鏖淞沪”“坚守四行”“孤军抗争”“不朽丰碑”及尾厅六个部分。纪念馆以一封谢晋元在赴淞沪战场前写给妻子凌维诚的家书开篇，展现了以谢晋元为首的“八百壮士”在国难当前之际，舍家为国的家国情怀，展现出对抗战必胜的坚定决心。展览运用实物、雕塑、现代科技等手段再现当年战斗场景，通过图文展板、巨幅绘画等形式展示了上海人民投身全民族抗战、共御外敌的历史事实，以及中外各界对“八百壮士”英雄事迹的颂扬和缅怀（图6.26、图6.27）。

图6.26 场景还原

图6.27 历史名人

8. 案例8：杨浦滨江带

上海是中国近代工业的发源地，杨浦区则是上海近代工业的摇篮。在120多年的工业化进程里，这里曾经几度辉煌。黄浦江沿岸的杨浦老工业区，被联合国教科文组织专家称为“世界仅存的最大滨江工业带”。而随着杨浦进入21世纪后巨变式的转型发展，地处黄浦江西北岸沿江带的“最大滨江工业带”也正在悄然嬗变。

早在1882年，清政府就在这里建造了上海机器织布局和伦章造纸厂。19世纪末，英国、美国、日本的商人纷纷把目光投向这里，杨树浦地区相继建成了中国第一家发电厂、第一家煤气厂、第一家水厂、第一家纺织厂，规模在当时均为远东第一。1949年后，这里更是上海重要的工业集聚区，杨浦区的工业总产值曾达全市的25%。20世纪90年代后，杨浦区大量工厂关闭、搬迁，老工业基地面临艰难的转型。2002年1月10日，上海市委、市政府决定启动黄浦江两岸综合开发世纪工程。2010年世博会的成功举办，也加快了黄浦江两岸规划和综合开发进程，进一步推进了黄浦江及其两岸的功能从原来的以交通运输、仓储码头、工业企业为主转为以金融贸易、旅游文化、生态居住为主，实现从生产性到综合服务性的功能转换。

现如今，现代感十足的水上巴士和古朴的“蓑舟”同时停泊在码头，两条巨大的“卧鱼”和“跃鱼”相映成趣。一座融文化、博览、娱乐、休闲、商业服务于一体的大上海东方“渔人码头”，横亘在长约700米的杨浦滨江。“渔人码头”的建设，在这一上海标志性城市滨水区和历史文化区创造最大化的观赏江景视线的同时，又为浦江两岸的美景群增添了一道新的亮丽风景，使之成为浦江两岸一颗新的明珠，并为杨浦区15.5千米黄浦江岸线建设创造良好的示范和辐射效应。“渔人码头”是杨浦滨江崛起的标志（图6.28）。

杨浦滨江拥有15.5千米长的黄浦江岸线，处于黄金水岸线的前走廊，这里陆续建设成为以亲水游览、工业博览、科技商务、知识社区为主要内容的现代服务功能带，为知识创新区科技、教育发展服务，构筑从工业文明走向知识文明的发展长廊，既有中国近代工业开埠以来的历史见证，也有近现代科技的展示，是一道充满“历史感”又充满“现代感”的风景线（图6.29）。

图6.28　东方“渔人码头”

图6.29　涂鸦艺术

9. 案例9：走马塘两岸涂鸦

河道不仅具有提供水源、运输、防洪排涝、调节气候、降低环境污染的作用，对城市的生态环境建设和优化也有重要意义。随着时代的进步，河道治理和保护也愈发展现了城市的发展和建设理念，静安区走马塘将现代艺术与滨江水岸相结合，碰撞出了不一样的火花。

走马塘西起封浜，往东北流经南翔镇、大场镇，至江湾淞沪铁路接小吉浦。长约20.8千米，底宽6米。相传，走马塘为五代十国时期的吴越王钱镠所凿，故曾称钱溪、钱家浜。南宋抗金名将韩世忠所部曾屯兵江湾、大场一带。期间，韩世忠经常率领军士在钱溪附近走马练兵。后人为纪念韩世忠，把钱溪改称为“走马塘”。走马塘之名最早见于明朝万历年修撰的《嘉定县志》中。邑人周兆渔曾有诗赞："走马塘边走，寒云澹放晴。千畦腾水气，万叶战秋声。林鸟语谁解，岸花开不名。竹桥潮半没，难觅于陂行。"

2 000年前，走马塘两岸除部分低标准防汛墙外，其余均为自然土坡，或杂草丛生，或违章搭建遍布。生活垃圾和污水直接排入河道，导致河道淤积严重，河水发黑发臭，防汛除涝能力降低。进入21世纪后，走马塘河道整治工程分段陆续开展，实施了新建与改建防汛墙、疏浚河道淤泥、种植沿河绿化等项目，沿线护岸达标建设，河道畅通，水质改善，防汛除涝能力提高，河道整治效果明显。

为进一步提升河道治理与保护的公众参与度，体现人水和谐的水文化理念，静安区将现代艺术与河道景观相结合，在走马塘河道两岸防汛墙增设了别具一格的涂鸦，各式各样的涂鸦与防汛墙、河道相映成趣，积极宣传了河湖文化（图6.30）。

图6.30　走马塘两岸涂鸦

10. 案例10：彭越浦河滨水艺术展

漫步在静安区彭越浦河滨，会欣喜地发现，从汶水路到广中西路沿途1 800米河岸两侧，不仅可以看到沿街美景，还能邂逅各类公共艺术作品。这里有讲述滨江水岸故事的大型主题墙体彩绘，有色彩鲜明的波浪雕塑和各种造型奇特的休闲椅子，还有需要大开脑洞、细心品味的路面涂鸦……1 800米的滨江水岸不但成了露天美术馆，还成了社区居民的美育课堂（图6.31）。

彭越浦河是苏州河的支流，从历史上泛滥成灾的河浜到被周围工厂污染的"黑水"，再到上海开展了中小河道整治后，成为首届上海"最美河道"。彭越浦河的河道和两岸环境发生了翻天覆地的变化。在彭越浦河两岸开展的"2019年上海城市空间艺术季实践案例展"，更是给美丽的景观河道增添了不少艺术人文气息。

来自上海美术学院、天津美术学院、四川美术学院的青年艺术家以彭越浦滨水空间的自然、人文、社会为创作元素，共同创作了14件驻留公共艺术作品。这些作品不少取材于当地，它们或许是历史上曾经发生过的故事，或许是淘汰下来的老物件，艺术使得它们的生命得以延续，并在原来的空间里为社区居民带来艺术美感（图6.32）。

图6.31　涂鸦创作现场

图6.32　雕塑艺术展

在艺术的美化下，原先破旧的围墙没了踪迹。故事绘本、插画艺术家们围绕“邂逅彭越浦”进行主题创作，述说彭越浦的故事，部分作品被画在了房子外墙和围墙上，仅在墙体上的涂鸦就有750米长。

艺术展开幕式上，举行了彭浦镇民间河长的聘任仪式。按照上海“治水护水没有局外人”的工作要求，彭浦镇构建“行政河长+民间河长+河长助理”新模式，推动民间河长工作机制，意在对水环境治理工作产生更为积极的作用。

当晚，一场“流域·邂逅”新媒体艺术秀，把“彭越浦”的滨水空间变为居民的精神空间，通过演出搭建一次美妙的相遇——滨水空间与公共群体的邂逅、年轻一代与年长一代的邂逅、城市旧空间与公共艺术的邂逅。演出以新媒体的全新形式将公众变成观众，通过一次观看与体验，感受到一次真正的“流域·邂逅”，是一种不期而遇相见的浪漫。

11. 案例11：朱家角镇的特色古桥

朱家角为江、浙、沪二省一市交通要枢，地理位置十分优越，东靠虹桥国际机场，北连昆山，南接嘉兴，西通平望，镇内河港纵横，九条长街沿河而伸，千栋明清建筑依水而立，名胜古迹比比皆是。朱家角镇街由水曲、路由桥通。在不大的范围内，就有大小古石桥约36座之多，它们造型各异。这些古桥有的恢宏雄壮，有的小巧玲珑，有的古厚淳朴，有的秀丽多姿；古桥的建材多种多样，有石拱石板，有砖木混合，有木质结构。大小古石桥大都年代久远，别具特色，成为朱家角独特的河湖沿岸文化，尤以放生桥和泰安桥为最。

1）放生桥

放生桥是朱家角古镇的历史标志，也是包括周庄、乌镇、同里等在内的“江南十大名镇”中唯一的大型古桥。放生桥全长70.8米、宽5.8米、高7.4米，桥身中间最大孔径达13米，两侧孔径各约10米。承重结构采用超薄型桥墩，桥墩厚度约100厘米。大桥造型秀美，壮观而不失精巧，历数百年风雨沧桑而依旧保存完好。远远看去，放生桥倒映在平静如镜的河水，5个半圆形桥孔变成完整的圆孔，相映成趣，别有洞天。放生桥此景旧称“井带长虹”，是当地著名的“十景”之一，也是历史文化名镇朱家角的标志性建筑（图6.33）。

图6.33　朱家角镇放生桥

放生桥的建筑技艺也别具特色，建筑风格“大”而不“粗”，处处体现了精致、细微、周到。该桥结构稳固，设计巧妙，桥上的石刻技艺也十分高超，龙门石上镌有盘龙8条，环绕明珠，形态逼真；桥顶四角蹲着石狮4只，仰头张嘴，栩栩如生。中间有竹节望柱，桥面中央镶嵌雕花石板。长方形板式桥栏，四角方正，棱角分明。桥东建有碑亭，供行人憩息，临水筑以石驳，凿以锁缆孔，为舟楫停泊所用。桥壁柱石上刻有清晰的楹联："帆影逐归鸿锁住玉山云一片，潮声喧走马平溪珠浦浪千重。"楹联各12字，自上而下，似山涧飞瀑，一泻百丈，颇有气势。它描绘了十里漕港水运繁忙的热闹景象和江河波涛之汹涌，更加突出了放生桥的宏伟气派。

2）泰安桥

泰安桥俗称何家桥，始建于明代万历十二年（1584年），为单孔拱形石桥，位于漕港河口的名刹圆津禅院门前。泰安桥高且陡，是全镇最陡的一座石拱桥，桥堍竖立旗竿石两块，系悬路灯所用，是往来船只的航标，桥两旁青石扶手上的"飞云石"浮雕，古朴淳厚。用于建造泰安桥的材料是青石，且雕刻的桥栏浮雕"飞云石"，酷似元代之作。

清人有诗云："日落炎威退，池塘淡月中，踏歌闻市上，渔笛在溪东，蒲扇轻摇暑，蕉衫短受风，晚凉闲独步，古寺一桥通。"诗写得很直白，但古人消暑纳凉的生活气息却跃然纸上。诗中"古寺"即圆津禅院，"一桥"就是泰安桥。1994年，泰安桥被列为青浦第四批文物保护单位。经过岁月的洗礼，此前被认为修缮太"新"的泰安桥已逐渐与周围的环境融为一体，"拱桥、流水、寺院"构成的朱家角独特的风景线，重新吸引着观者在这里驻足停留（图6.34）。

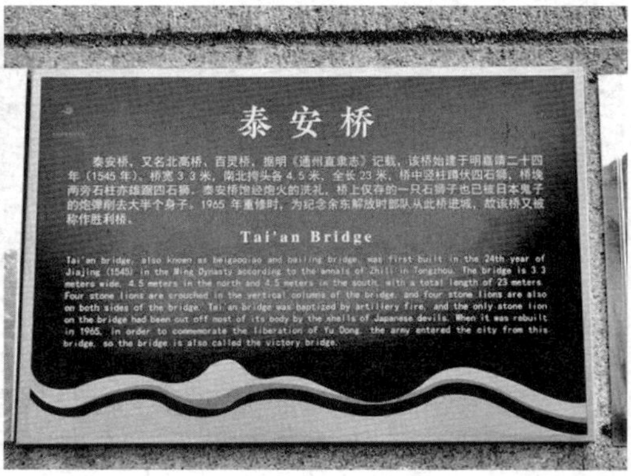

图6.34 朱家角镇泰安桥

12. 案例12：志丹苑元代水闸遗址博物馆

上海志丹苑元代水闸遗址博物馆坐落在上海普陀区志丹路和延

长西路交界处，周围民居环绕，人声鼎沸。博物馆地下所展示的元代水闸遗址是鲜见的700多年前一项国家水利工程所留下的实物遗迹，是现代上海与历史的一次“碰撞”与“对话”。

2001年5月，志丹苑元代水闸的发现在中国水利工程发展史上有着极其重要的地位，特别是对研究宋元时期江南地区的水利工程、吴淞江流域的历史变迁、吴淞江对整个长江三角洲的经济发展及对上海城镇和城市发展所起的作用都有重要的科学价值。2006年，志丹苑元代水闸遗址入选中国十大考古发现。2013年，志丹苑元代水闸遗址被国务院公布为第七批全国重点文物保护单位。

由于这处水闸遗址有巨大的历史与考古价值，上海市政府制定了一系列的保护方案，并决定以建立遗址博物馆为主的方式对这处遗址进行保护。博物馆于2009年11月开工建设，于2012年12月31日建成。于是，一座外形与从遗址出土的铁榫锭相似的遗址博物馆屹立在原址之上（图6.35）。

图6.35　上海志丹苑元代水闸遗址博物馆

上海志丹苑元代水闸遗址博物馆的建成对于在城市中进行的考古发掘、遗址保护具有示范作用，它体现了将文化遗产保护与城市建设和谐相融、互相促进的科学发展观，对于探寻、保存、弘扬上海的城市历史、河湖历史文脉和城市精神有着极其重要的意义。

13. 案例13：黄浦江之歌

黄浦江是长江汇入东海之前的最后一条支流，也是上海市最大的河流。黄浦江是上海市居民主要生活用水及工业用水的水源，且具航运、排洪、灌溉、渔业、旅游、调节气候等综合功能，将黄浦江称之为上海的母亲河也不足为奇，因此民间流传着不少歌颂赞美黄浦江的歌曲，以歌曲作为载体留存黄浦江的河湖历史，其中就有汤昭智和管更新所创作的歌曲《美丽的黄浦江》，荣获“上海之春”新人新作金奖。

14. 案例14：沪剧《开河之前》

37～38年前，一出由一名乡村民办教师创作、几名农村业余演员演出的沪剧小戏，在那个样板戏充斥着几乎所有舞台的年代里，红透整个上海，不仅被刚由人民沪剧团与爱华沪剧团合并的上海沪剧团等沪剧演出团体搬上舞台演出，还被上海越剧团改编为越剧，到市郊各县演出。这出戏就是《开河之前》。

开河之前

（根据松江县新五公社同名沪剧移植改编）

·剧情说明·

市郊某公社在“农业学大寨”运动中，决定新开一条向阳河，改造农田，夺取更大丰收。

开河的测量工作，由于河道碰到社员芳芳家的小竹园而暂停了。为集体还是为个人，芳芳一家展开了激烈的思想斗争。芳芳爷爷一面劝阻了芳芳要马上砍掉竹园的急躁举动，一面因势利导，帮助奶奶提高阶级斗争觉悟，摆正了国家、集体、个人三者关系，乐意让出小竹园。最后，公社党委为了不损害社员个人利益，决定迁移小竹园，使芳芳全家深受感动，表示要继续革命，永远前进。

演员表

爷爷——[illegible]　奶奶——赵秀英　芳芳——江[illegible]

图6.36 《开河之前》剧本

1971年，松江新五公社乡村民办教师沈孝慈编写了沪剧小戏《开河之前》（图6.36），讲述了农村兴修水利，开河整治河道，要通过老农的三分三厘自留竹园，老两口以及孙女之间展开了一场是否让河道曲一曲、弯一弯的争执，最后奶奶想通并且允许河道在自留园地开通的故事，该戏曲也是对河湖文化的传承。

1972年10月，《开河之前》参加市群众文艺交流演出时，曾获优秀创作奖和优秀演出奖（图6.37）。1974年8月，它还曾与京剧《审椅子》、淮剧《拣煤渣》、越剧《龙江颂·闸上风云》和《银针颂》等现代小戏一起，代表上海到北京参加地方戏曲学习“样板戏”汇报演出。

图6.37 《开河之前》剧照（1972年）

2007年5月23日晚，为纪念毛泽东《在延安文艺座谈会上的讲话》发表65周年，松江区泖港镇组织原新五文工团老队员，在五库集贸市场搭台重新献演这出35年前在松江乃至市郊农村家喻户晓、广受百姓喜爱的沪剧小戏《开河之前》。直至今日，沪剧小戏《开河之前》依然在各个剧院上演，广受社会大众喜爱。

15. 案例15：河湖文化研究交流沙龙

2019年4月18日，为更好地开展上海河湖水文化挖掘工作，由上海市水利学会和上海市水利管理处联合举办的河湖文化研究交流沙龙在上海科学会堂隆重举行。

沙龙邀请了河海大学陈菁教授、华东师范大学车越教授、上海历史博物馆胡宝芳副研究馆员作主讲嘉宾，上海市水务局副局长刘晓涛致辞并总结讲话，市民巡访团、东方网、上海电台、上海各级水务部门、部分企业单位的代表参与讨论和交流（图6.38）。

沙龙针对水系的文化功能及其保护、上海市河网水系变迁及水乡文化保护、近代上海外侨与苏州河畔若干历史文化遗产等方面展开交流和讨论，大家共享研究成果，同为上海传承河湖历史文化献言献计。通过交流沙龙，行业人员加深了对水文化的理解，增进了对河湖历史文化研究重要性的认识，为进一步加强河湖历史文化研究和成果应用提出了积极的建议。

图6.38　文化沙龙现场

16. 案例16：河湖公益宣传——保护水环境，争做“河小青”

上海依水而生、因水而兴，水环境是上海城市发展的重要基础，是生态文明建设的重要组成部分。2019年，共青团上海市委员会联合上海市水务局启动了首届“保护水环境 争做河小青”爱心暑托班青年志愿宣讲活动，广泛动员大学生和水务青年志愿者，组建了一支220余人的志愿者宣讲队伍，走进全市556个爱心暑托班教学点开展志愿宣讲。

2021年，上海市水务局首次成为爱心暑托班主办单位之一，发动市、区两级水务部门，重点走进“五个新城”和水网密布的郊区，招募了超过300名青年志愿者，走进300多个办班点宣讲环保公益课程“保护水环境，争做‘河小青’”，向15 000余名小学生传播爱水护水知识。“保护水环境，争做‘河小青’”环保公益课程通过现场讲解、互动问答、小游戏等方式，向小学生们普及长江大保护、上海市河道水环境现状、河长制、河湖保护、节约用水等知识，引导青少年从小做起，从身边做起，加入珍惜水资源、保护水环境的队伍，成为爱水护水的“河小青”，从而营造全社会共同参与、保护水环境的良好氛围（图6.39）。

图6.39　公益课宣讲现场

6.5　新时代河湖文化传承探索的展望

随着社会发展和经济进步，保护和传承河湖文化已成为河湖管理的重要课题。在新时代背景下，对于河湖文化传承的需求日益增加，同时也出现了一些新的挑战和机遇。因此，展望新时代河湖文化传承探索的未来，具有重要的意义。

（1）预期政府将加大对河湖文化传承的政策支持和资金投入。河湖文化是我们民族的瑰宝，也是国家的重要资源和优势。政府应制定相关的法律法规和规章制度，为河湖文化的保护与传承提供更加有力的支持。同时，增加对河湖文化传承项目的资金投入，鼓励社会各界参与其中，形成多方合作的良好格局。

（2）科技创新与数字化传播将在河湖文化传承探索中发挥重要作用。随着信息技术的不断发展，可以利用虚拟现实（VR）、数字化资料保存等先进技术手段，更好地保存河湖文化并呈现给更广大的人群。通过互联网平台和社交媒体的传播，使河湖文化的影响力得以扩大，激发公众对河湖文化的兴趣与认同。

（3）注重社区参与、民间传统的弘扬是河湖文化传承探索的重要方向。河湖文化传承不仅是专家学者的事业，更需要广大民众的参与和传承。应该积极鼓励河湖沿线的居民参与河湖文化保护与传承的活动，通过征稿、展览、节庆等方式，培育和传承民间文化传统，增强河湖文化的生命力和传承力。

（4）国际交流与合作也是新时代河湖文化传承探索的重要补充。加强与其他国家在河湖文化保护与发展经验的交流与合作，可借鉴先进经验，进一步推进河湖文化的传承与创新。同时，也能将中国的河湖文化推广给世界，让更多的人了解和认同中国的河湖文化。

（5）注重可持续发展与生态保护是新时代河湖文化传承探索应该关注的重要议题。河湖文化的传承不仅仅是对历史的回溯，更应该与当地的生态环境紧密结合。因此，应该注重河湖生态环境的保护与修复，推动绿色发展，确保传承工作与当地经济社会发展相协调。

后记

水与人类关系密切，《管子·水地篇》有云："水者何也？万物之本原，诸生之宗室也。"上海因水而生、因水而兴，河湖与城市的发展相互交织。在上海的城市化发展过程中，河湖的航运、盐运、防洪等功能发挥了较大的作用，然而河湖利用呈现出"重工程轻文化"的特点，诸多河湖历史文化未得到较好的保护。

伴随着城市高质量发展理念的提出，河湖文化逐渐进入河湖治理和管理的视野，诸多专家和学者也开始关注水文化、河湖文化的保护和传承。一批批水文化场馆被发掘、修复并对公众开放，浦江之首水文化展示馆、南城墙公园、普陀洛阳古桥（绿杨桥）等25个蓝色打卡地，淀浦河、大莲湖、春申塘等186个蓝色亲水点已登录随申办，供市民查阅和互动。湮灭在历史长河中的护城河重新走向历史舞台，实施保护性开发开放，川沙、金山卫、青浦等护城河成为城市更新背景下护城河水岸空间活化研究的重点。21世纪新时代下，新的河湖文化又在不断地生成，如黄浦江两岸45千米的幸福河湖样板，苏州河美丽河湾边逐渐与之水乳交融的华东政法大学，淀山湖波澜壮阔的彩虹桥。

流动的河湖记载着时刻变迁的上海，丰富的文化推动着河湖年轮的迈进。新时代迎来新的机遇，虚拟现实、互联网+、ChatGPT等新技术将给河湖文化带来新的表现方式，希望本书能给上海的河湖文化传承提供一种全新且有效的模式探索，而我们河湖寻梦人也将始终坚守找寻文化和传承文化的心，众志成城，让上海河湖文化的保护和传承覆盖面更广、形式更多样、成效更显著，也让水文化真正成为上海文化的重要组成部分！

附录1

河湖命名相关政策文件

1.1 关于印发《关于加强本市河道命名管理的实施意见》《上海市河道命名管理办法》的通知（沪水务〔2017〕515号）

关于印发《关于加强本市河道命名管理的实施意见》《上海市河道命名管理办法》的通知

市水利处、中心城区建委、各区水务局、各区规土局、各区地名办：

为规范本市河道（湖泊）命名，继承和弘扬水文化内涵，依据《上海市地名管理条例》和《上海市河道管理条例》，市水务局会同市地名办制定了《关于加强本市河道命名管理的实施意见》《上海市河道命名管理办法》，现予以印发，请结合各自工作认真落实。

特此通知。

上海市水务局

上海市地名管理办公室

2017年4月27日

关于加强本市河道命名管理的实施意见

河道名称作为地名的重要组成内容，不仅具有地理方位的指向性功能，更承载了地区的历史文化积淀。本市的河道数量众多，存在河道通名无序、重名现象普遍、命名方式单一等问题。为规范本市河道命名，继承和弘扬水文化内涵，更好地落实河长制相关要求，根据《上海市地名管理条例》和《上海市河道管理条例》，制定本实施意见。

一、总体目标

至2020年，基本建立科学规范的河道命名管理体系，充分挖掘水文化内涵。

全面清理——全面清理现状河道名称信息，摸清河道重名一河多名、有河无名等不规范命名情况。

系统规范——制定科学规范的河道命名导则，以及通名和专名设计标准，对具备条件的现状及规划河道进行命名，完成一批现状河道名称的规范化工作。

重点挖掘——充分挖掘河道名称的历史文化内涵，打造一批具有历史文化价值的示范性河道，并建立河道名称电子档案实现河名普查档案的数字化管理。

2017年12月底前，在摸清河名信息现状的基础上，基本完成无名河道的命名工作，选择试点区域开展河道命名规范化工作和河名文化挖掘工作，形成河道命名示范区和示范镇。

2018年12月底前，全面开展河道命名规范化工作，将试点区域的经验推广至全市范围。

2019年12月底前，基本完成河道命名规范化工作，挖掘一批具有历史文化机制的示范性河道，建立健全河道命名的长效管理机制。

二、基本原则

（一）尊重历史，保护文化

本市不少河道历史悠久，具有丰富的文化内涵，应进一步挖掘河道的历史文化价值，河道名称应当尽可能体现地区的历史、地理、文化特征。

（二）科学规范，便于使用

建立科学合理的河道命名机制，制定命名规则和程序，河道名称应符合法律法规，尊重本地区的风俗习惯，并方便日常使用和管理。

（三）区域联动、水陆统筹

本市河道往往跨多个行政区，并且不同等级的河道分属市、区、镇等各级部门管理，在河道名称管理上需要区域之间、部门之间协调合作。河道的演变伴随着城市建设的推进，河道名称应与所在地区的经济、文化、社会特征相称。

（四）聚焦难点，突出重点

河道命名管理工作应根据难易程度分步实施：对具备条件的规划新开河道及无名河道先期进行命名；逐步规范重名河道：同时结合地名普查成果，挖掘一批具有历史文化底蕴的河道形成水文化成果。

三、重点任务

（一）制定河道命名管理办法

为落实河道命名工作的目标和要求、加强河道命名工作的指导，需制定《上海市河道命名管理办法》，明确责任分工、工作内容、编制流程、审批程序及批后管理等具体内容，该办法将由市水务局和市地名办联合发布。

（二）明确命名设计标准

制定河道命名导则，明确河道通名和专名的设计标准，河道通名的设计应符合河道的规模、功能特征，具有规律性；河道专名应当体现地区的历史、地理文化特征以及规划功能。导则由市水务局先行发布试行，并结合后续实施予以优化，完善后正式发布。

（三）规范现状河道名称

将现状河道名称、位置及相关属性信息，与本市地名管理信息系统内的河道名录信息进行复核，重点梳理有河无名、河道重名、一河多名等问题，对有河无名的河道进行命名；对河道重名、一河多名等不规范命名进行标准化处理，切实解决河道名称不规范问题。

（四）开展河名文化挖掘和宣传工作

研究和挖掘河道名称文化，打造一批具有鲜明历史文化特征的河道，丰富上海市水文化建设内涵，并通过编撰依托河道名称研究的水文化系列文学作品，在《上海地名》、水务公共平台和世界水日等平台上宣传发布，营造研究和探讨河道名称文化，传承江南水乡文明历史的氛围。

（五）建立河名电子档案

开展河道命名的信息化建设建立全市河道名称管理数据库，实现河道名称普查档案的数字化管理。

四、保障措施

（一）加强领导，分工负责

成立全市河道命名工作领导小组，由市水务局、市地名办分管领导担任组长，领导小组下设办公室，设在市水务局，成员单位由市、区水务部门、地名管理部门共同组成。按照属地管理、分级负责的原则，明确各部门的职责分工，做到各司其职、互相补位、抓好落实，确保全市河道命名工作按期、高质量地完成。

（二）搭建平台，协同联动

市水行政主管部门加强对区水行政主管部门的业务指导对于命名管理中的疑难问题，由市水行政主管部门牵头搭建工作平台，加强协调指导。区水行政主管部门应加强与区地名办的沟通协调，落实好河道命名管理的各项工作任务。同时，市、区水行政主管部门应加大河道名称工作的宣传力度，借助主题活动、社交媒体等渠道普及河道名称知识、传播河道名称文化：营造一个大众参与的文化建设平台。

（三）落实经费，保障实施

跨省、市的河道，以及湖泊、市管河道的命名相关工作经费由市级部门负责落实，区管及以下河道的命名相关工作经费由各区负责落实。

上海市河道命名管理办法

第一条（目的和依据）

为规范本市河道命名，继承和弘扬水文化内涵，依据《上海市地名管理条例》《上海市河道管理条例》，结合本市实际制定本办法。

第二条（适用范围）

本办法适用于本市行政区域内所有河道（含湖泊）的命名。

第三条（重要意义）

开展全市河道命名工作是配合地名管理，实现河名信息化数字化，完善河道标识系统、保障公共利益、方便公众使用，维护地名秩序并促进地名科学化、标准化、规范化的必要手段是提高河道名称管理水平、创新河道名称文化传播方式，促进水文化建设，推动水务管理发展升级，弘扬城市文化的重要措施。

第四条（工作原则）

河道命名应当遵守国家和本市有关法律、法规、规章，保护河名文化遗产，传承城市文脉。坚持“尊重历史，保护文化；科学规范，便于使用；区域联动、水陆统筹；聚焦难点，突出重点”的河道命名原则，加强河名的可识别性和可认知性。

第五条（责任主体）

市水行政主管部门负责组织编制跨省、市的河道，以及湖泊、市管河道、区区界河的命名方案：各区水行政主管部门负责组织编制区管及以下河道的命名方案，市、区地名办按照职责分工进行河名审核，市、区人民政府按照职责分工进行河名的审批。河道命名方案的编制单位应当具备城市规划、水利规划等相关资质。

第六条（河名方案编制）

应依据城市规划、水利规划，并结合地区的历史文化特征编制命名方案，方案内容包括河名资源分析、名称设计和河名文化遗产保护，在河名文化遗产丰富的地区，河名方案编制应注重挖掘河名历史文化内涵。河名方案编制的技术要求应按《上海市河道命名方案技术导则（试行）》执行。

第七条（审批及发布程序）

河道命名审批及发布程序依次为：意见征求、专家评审，方案认定、河名审批及河名发布等五个环节。

（一）意见征求

河名申报单位组织开展河道命名方案的意见征求，主要征求三方面的意见建议，一是专家意见；二是所在区地名办的意见，由各区负责组织编制的命名方案，应进一步征求所在街道（乡镇）的意见；三是必要时可征求公众代表的意见。

（二）专家评审

河名申报单位组织召开专家评审会，邀请城市规划、历史、地理、文化、艺术、民俗及地名等领域专家，就河道名称是否符合文脉传承、地域特色、使用习惯等进行评审，会后形成评审意见。

（三）方案认定

市、区地名办根据职责分工组织河道命名方案审查，邀请相关部门参加，就河道命名方案进行会商，以会议纪要形式对河道命名方案进行认定。

（四）河名审批

河道命名方案经认定后，可开展河名审批工作，具体职责分工如下：

跨省、市的河道、湖泊名称，由市水行政主管部门征求市地名办意见后向市人民政府申报。市人民政府审核同意后按照国家有关规定报国务院审批。

市管、区管河道和湖泊名称，由市水行政主管部门向市地名办申报。市地名办审核后报市人民政府审批。

镇村级河道名称，由区水行政主管部门向区地名办申报区地名办审核后报区人民政府审批。

（五）河名发布

河名批准后30个工作日内，市、区水行政主管部门在其网站上予以发布，市、区地名办同步将公布的河名纳入其管理系统中。

第八条（批后管理）

河道命名方案成果一经批准，即为地名命名的依据，未按规定程序调整，不得变更。因自然变化消失的河名，由各区地名办报市地名办注销：因水系规划调整、城市建设而消失的河道，由各区水行政主管部门或者建设单位报各区地名办注销，区地名办报市地名办备案。

第九条（施行日期）

本办法自发布之日起施行。

1.2 关于印发《上海市河道命名方案编制技术导则（试行）》和《上海市河道命名工作三年行动计划》的通知（沪水务〔2017〕939号）

上海市水务局关于印发《上海市河道命名方案编制技术导则（试行）》和《上海市河道命名工作三年行动计划》的通知

市水利处，中心城区建委，各区水务局：

为贯彻落实《关于加强本市河道命名管理的实施意见》和《上海市河道命名管理办法》，市水务局制定了《上海市河道命名方案编制技术导则（试行）》和《上海市河道命名工作三年行动计划》，现予以印发，请结合各自工作认真落实。

特此通知。

上海市水务局

2017年7月31日

上海市河道命名方案编制技术导则（试行）

1 总则

1.1 为规范本市河道命名工作，依据《上海市地名管理条例》及《上海市河道命名管理办法》，结合本市实际，制定《上海市河道命名方案编制技术导则（试行）》（简称《导则》）。

1.2 本《导则》适用于本市行政区域内纳入河湖管理范围的河道（湖泊）的命名。对新开河道，应在规划阶段提出河道命名方案，在河道实施完成后遵照《上海市河道命名管理办法》确定。

1.3 河道命名，应遵守国家法律和本市有关法规、规章，保护河道名称文化，传承城市文脉，挖掘河道名称的历史文化内涵。

2 技术标准

2.1 河道名称由通名和专名组成。

2.2 河道通名可使用“江”“河”“港”“塘”“泾”“浜”，原有通名为“沥”“洪”“沟”等，予以保留。湖泊通名可使用“湖”，原有通名为“荡”等，予以保留。

关于河道通名的选择，建议按照通名本身的含义和适用对象，结合本地区地名文化确定具体用词，常用河道通名有：

江：大河的通称。

河：水道的通称。

港：江河的支流。

塘：水池。

泾：由北向南流动的水。

浦：水边或河流入海的地区。

浜：小河沟。

湖：陆地上围的大片水域。

2.3 河道专名应当体现当地或河道历史、地理、文化、特征以及规划功能，专名字数以2～5字为宜。

2.3.1 宜采用当地的地名。

2.3.2 河流的命名可采用起迄两地名字组合。

2.3.3 以祈愿型词语或特殊意义（政治性、纪念性）的词语。

2.3.4 以其用途、长度或周边建筑的特殊标志命名。

2.4 河道名称应方便公众的识别和使用，避免使用生僻难懂、拗口、难记、易引起方位混乱和歧义的名词，选择易于接受、易于识别，且不与现行法律法规相矛盾的名称。

2.5 河道名称宜类型多样，个性鲜明，名实相符，与河道功能、当地自然、历史沿革、人文景观特点相吻合。

2.6 禁止用国家领导人的名字作河道名称。禁止使用外文作河道名称。不以外国人名和外国地名作河道名称。一般不以人名、企事业单位名称作河道名称。需慎重使用与民族宗教有关的词语。

2.7 在河道命名方案中，应尽量保有原有河道名称，以保持河道名称指位系统和地域文脉的延续性。河道延伸、拓宽或局部改道时，不改变河道原有名称。

2.8　拟使用的特别重要的河道名称，可采取在专名前加行政区名、地片名等前置词、“大小新老”等形容词或在专名前加方位词等方法予以避免重名。针对尚未命名的镇管以下河道，可按镇级行政区区分，以“乡镇（街道）名”+序数词+“号”+“河道通名”的形式成组命名，或参照河道周边道路命名。

2.9　河道名称历史文化内涵的挖掘与传承应遵循如下原则：

2.9.1　在名称设计中弘扬保护河道名称文化内涵的理念优先使用历史河道名称。

2.9.2　从严控制河道名称的更名与注销。

2.9.3　难以直接使用的历史河道名称，在确有必要时可以将名称雅化，或用其谐音，以保持与历史河道名称的内在联系。

2.9.4　新建、改建河道应使用原有河道名称命名，原河道名称不宜使用时，可由其派生命名，做好新老河道名称的有机衔接。

2.9.5　在河道名称资源丰富的地区，应选择最具有代表性最能反映当地历史、文化特点、河道功能的名称用于命名设计。选取河道名称时，一般情况下，应综合考虑如下要求在河道名称指代的地理实体上，取大舍小；在知名度上，用高舍低；在遗存年代上，留久舍近；在文化品位上，采雅舍俗。

3　编制内容

3.1　河道命名方案编制工作内容包括资料准备、河道名称调查、数据整合与分析、河道名称设计等内容。

3.2　资料准备

3.2.1　档案数据：河道名称命名、更名、撤销文件。

3.2.2　文献资料：

1. 历史文献：方志、文集、笔记、碑刻等相关史料。

2. 当代研究成果：地名志、地名录、地名词典以及有关当地历史文化、地理、地名、河道名称等研究成果。

3. 园林、绿地、风景名胜、文物古迹、考古、历史地段等方面的资料。

3.2.3 城乡规划。包括城乡总体规划、控制性详细规划和专项规划的文本与说明。

3.2.4 图纸资料：

1. 城乡规划图：总体规划图、控制性详细规划图以及专项规划图。

2. 地形图。

3. 历史地图。包括印刷或绘制的单幅地图，以及地方志中的插图。

4. 现状河道水系图。

3.3 河道名称资源分析：对区域内的河道名称进行调查和评估，分析河道名称沿革、空间分布、文化特点。

3.3.1 河道名称调查，内容涉及各等级河道、湖泊等自然地理实体等名称。

3.3.2 民间沿用的非标准河道名称或河道名称的简称、俗称等。

3.3.3 河道名称沿革、文化内涵和覆盖范围。包括：河道名称的原意、含义的转变、雅化，同河道名称有关的历史事件、典故、传说、民俗等。

3.3.4 公众意愿、政府相关部门意见。

3.4 数据整合和分析。

3.4.1 文字数据的整合和分析：对河道名称文字数据进行整理和分析，掌握河道名称特征，形成现状河道名称和河道名称文化内涵分析结论。

3.4.2 图纸数据的整合和河道命名方案图的制作：以水系规划图或现状地形图作为底图，结合河道名称档案和历史文献制作河道命名方案图。

3.5 河道名称设计：依据河道历史、现状和规划特点，在河道名称资源分析基础上，统筹确定河道名称。

3.5.1 确定河道命名方案原则和思路。

3.5.2 确定河道名称采词方案。

3.5.3 设计河道名称。包括单个河道名称和成组河道名称设计。

3.5.4 制作成果，河道命名方案成果由文本和图纸两部分组成，见附录A。

3.6 在河道名称文化丰富的地区，应增加河道名称文化保护内容，包括：保护价值、保护原则、保护目标、保护内容、保护策略和保护方法，制定保护名录。

4 附则

4.1 本导则由上海市水务局负责解释。

4.2 本导则自发布之日起施行。

1.3 关于进一步做好本市河道命名工作的通知（沪水务〔2018〕762号）

上海市水务局关于进一步做好本市河道命名工作的通知

中心城区建管（交）委、各区水务局：

为贯彻落实《关于加强本市河道命名管理的实施意见》和《上海市河道命名工作三年行动计划》(以下简称《三年行动计划》)，进一步做好本市河道命名管理工作，继承和弘扬水文化精神，更好地落实河长制相关要求，现将有关事项通知如下：

一、工作范围

《三年行动计划》中的全市重名河道以及不规范命名河道清单是以2011年水利普查资料为底数梳理形成的，文件明确“各区可结合2017年名录外水体细化工作成果对附件重名河道清单及不规范命名河道清单的内容进行相应调整，并按照实施计划开展命名工作”。

2017年，通过名录外水体解译，已形成新的全市河湖数据并发布《2017年上海市河道（湖泊）报告》，经梳理，2017年全市重名河道共计5 348条；不规范命名河道共计2 509条（见附件4、5)。各区应以2017年河道数据为基础进行规范命名。

二、2018年下半年建设工作重点

（一）重名、不规范命名河道的规范命名

按照《三年行动计划》的目标任务和时间节点，2018年，各区应完成全部重名河道以及80%不规范命名河道的规范命名工作，请各区进一步细化工作计划，明确下半年工作重点。

（二）河名历史文化内涵挖掘

2017年，各区按照《三年行动计划》开展河名文化挖掘工作，初步形成了每区3～5条河名文化故事。2018年，各区应在此基础上，进一步深入挖掘河名文化，形成一河一成果（我局计划择优选取部分有代表性、示范性的河名历史文化故事，集编成册）。

三、报送河道命名工作阶段性成果

（一）已完成规范命名的河道清单

应含河道所在街镇河流编码（或水体编码）、原河道名称以及现河道名称等

（二）已完成历史文化内涵挖掘工作的河道名称清单

也应含河道所在街镇、河流编码（或水体编码）、原河道名称以及现河道名称（若有）等，并附河名文化挖掘成果报告（如需注明编著作者，请注明）。

请各区将上述两项工作进展情况（截至2018年6月底）填入附件1、2、3表格于8月20日前报送水务局，并且今后每月20日前将当月工作进展填表后报送我局。

附件：

1. 各区重名河道规范命名进展情况清单
2. 各区不规范名称、河道规范命名情况名单
3. 河名文化挖掘清单
4. 2017年全市重名河道清单
5. 2017年全市不规范命名河道清单

上海市水务局

2018年8月8日

附录2

河湖治理相关政策文件

2.1 关于批转市财政局等二部门制订的《上海市水利建设基金筹集和使用管理办法》的通知（沪府发〔2011〕87号）

上海市人民政府关于批转市财政局等二部门制订的《上海市水利建设基金筹集和使用管理办法》的通知

各区、县人民政府，市政府各委、办、局：

市政府同意市财政局、市发展改革委、市水务局制订的《上海市水利建设基金筹集和使用管理办法》，现转发给你们，请认真按照执行。

上海市人民政府

二〇一一年十二月八日

上海市水利建设基金筹集和使用管理办法

第一条 为加快本市水利建设，提高防洪减灾和水资源配置能力，促进经济社会可持续发展，根据《财政部、国家发展改革委水利部关于印发〈水利建设基金筹集和使用管理办法〉的通知》（财综〔2011〕2号）规定，结合本市实际，制定本办法。

第二条 本市水利建设基金是用于水利建设的专项资金，由市水利建设基金和区（县）水利建设基金组成。市水利建设基金主要用于关系全市经济和社会发展全局的江河治理、城市防洪及跨区（县）重点水利工程建设和维修养护等。区（县）水利建设基金主要用于区（县）范围防洪、河道治理及水利工程建设和维修养护等。

第三条 市水利建设基金的来源包括：

（一）从市有关部门收取的高速公路车辆通行费、城市基础设施配套费收入中提取3%。

（二）从中央对地方成品油价格和税费改革转移支付资金市级收入中提取3%。

（三）从市本级城市维护建设税收入中提取15%。

第四条 区（县）水利建设基金的来源包括：

（一）从区（县）有关部门收取的城市基础设施配套费收入中提取3%。

（二）从中央对地方成品油价格和税费改革转移支付资金区（县）级收入中提取3%。

（三）从区（县）级城市维护建设税收入中提取15%。

第五条 市和区（县）水利建设基金由财政部门负责统一划转。

第六条 市水利建设基金的使用分为市政府负责安排和市政府批准安排这两种情形。

市水利建设基金的具体使用范围包括：

（一）城市重要防洪除涝（排水）工程建设；

（二）骨干河道（湖泊）治理；

（三）流域和区域性水资源配置工程建设；

（四）农村集约化饮水工程建设；

（五）流域和区域性水利工程维修养护和更新改造；

（六）全市性防汛应急度汛。

市水利建设基金的使用暂参照国家相关部门确定的比例，原则上55%用于水利工程建设，30%用于水利工程维修养护，15%用于应急度汛。各部分结余资金可结合本市实际需要，统筹安排使用。

第七条 区（县）水利建设基金的具体使用范围包括：

（一）区（县）河道（湖泊）整治；

（二）区（县）防洪除涝（排水）工程建设和改造；

（三）区（县）水资源配置工程建设；

（四）区（县）农村饮水工程建设；

（五）区（县）水利工程维修养护和更新改造；

（六）区（县）防汛应急度汛等。

第八条 水利建设基金收支纳入政府性基金预算管理，实行专款专用，年终结余结转下年度安排使用。

由市和区（县）水务部门根据水利建设规划，编制年度水利建设基金支出预算，经同级财政部门审核后，纳入政府性基金预算市和区（县）财政部门根据获批的水利建设基金预算和基金实际征收入库情况拨付资金。其中，水利建设基金用于固定资产投资项目，要纳入固定资产投资计划，按照国家和本市基本建设程序办理。

由市和区（县）水务部门根据年度水利建设基金预算执行情况，编制水利建设基金决算，报同级财政部门审核。

第九条 各级财政、水务部门要加强对水利建设基金使用的管理，科学评审水利建设基金安排的项目，加强项目支出管理，对支出结果组织开展绩效评价，将预算安排与支出结果挂钩，促进资金使用规范和高效。

第十条 任何部门和单位不得侵占、截留挪用水利建设基金。市和区（县）财政、发展改革、审计部门要加强对水利建设基金筹集、拨付和使用情况的监督检查，对违反规定的要严肃处理。

第十一条 本办法自2011年1月1日起施行，到2020年12月31日止。

第十二条 本办法由市财政局会同市发展改革委、市水务局负责解释。

2.2 关于印发《上海市河道整治工程项目和资金管理暂行办法》的通知（沪水务〔2009〕673号）

上海市水务局 上海市财政局关于印发《上海市河道整治工程项目和资金管理暂行办法》的通知

各区（县）建委、水务局、财政局：

为了进一步提高本市水环境质量，加强本市河道整治工程的建设管理，规范河道整治工程建设资金的使用，我们在调查研究、充分听取区县及相关单位意见的基础上，制定了《上海市河道整治工程项目和资金管理暂行办法》，现印发给你们，请遵照执行。

特此通知。

上海市水务局

上海市财政局

二〇〇九年九月十四日

上海市河道整治工程项目和资金管理暂行办法

第一章 总 则

第一条 为了进一步提高本市水环境质量，加强本市河道整治工程的建设管理，规范河道整治工程建设资金的使用，根据国家和本市有关法律、法规，结合本市实际，制定本办法。

第二条 本办法所称河道整治工程是指各区（县）列入市水利专项工程年度计划的市管、区（县）管河道整治工程项目。

第三条 市水务局负责制订相关整治标准、建设管理等行业监管工作，并会同市财政局审批项目、下达年度工程计划。

第四条 市财政局负责项目补助资金的落实，资金使用的监督管理等工作，并会同市水务局制定资金补助标准，审核拨付工程建设资金。

第二章　项目储备

第五条　河道整治工程的项目储备应遵循可行性、操作性和前瞻性相结合的原则，突出重点、统筹兼顾。

第六条　各区（县）根据区域总体规划、水利专项规划，并根据“轻重缓急”的原则确定河道整治的储备项目。

第七条　对列入项目储备的河道整治工程项目应及时开展项目前期工作，委托具有相应资质的勘测设计单位编制河道整治工程可行性研究报告。

第八条　河道整治工程可行性研究报告经过各区（县）水务局（建交委）项目预审后，进入区（县）级项目储备库。

第九条　市级项目储备库原则上选择区（县）级河道整治工程项目储备库内并通过市水务局行业审查的项目组成。同时市级项目储备库实行三年动态管理，每年年底前，对于三年前进入项目储备库的项目自动核销出库。

第三章　项目申报和审批

第十条　河道整治工程可行性研究报告和初步设计报告原则上分阶段编制，整治规模和投资较小的工程，经市水务局同意，工程可行性研究报告、初步设计报告可一阶段上报，即工程可行性研究报告编制到初步设计报告深度。对于涉及防汛保安且完成时限很短的河道应急抢险工程可行性研究报告、初步设计报告可一阶段上报。

第十一条　河道整治工程可行性研究报告、初步设计报告上报后，市水务局应及时组织专家或委托具有相应资质的咨询机构进行项目技术和经济评估，并会同市财政局审核后批复。

第十二条　每年度河道整治工程计划原则上从市级项目储备库中产生。

第十三条　各区（县）水务局（建交委）和财政局按照部门预算编报的要求联合上报下年度河道整治工程年度计划；经市水务局审核平衡后，及时将下年度的河道整治工程年度计划、资金预算报市财政局，经市财政局审核后纳入财政年度预算。

第十四条　市水务局和市财政局在年初及时将河道整治工程年度计划联合下达至各区（县）水务局、财政局。

第四章 项目实施

第十五条 河道整治工程由区（县）水务局（建交委）负责组织实施。市水务局应加强指导、协调和监督检查，各区（县）水务局（建交委）应加强项目管理，明确项目法人单位，并定期将工程进展情况上报市水务局。

第十六条 项目建设应严格按照招投标法等相关规定，遵循公开、公平、公正的原则，对河道整治工程的勘测、设计、监理、施工等实行公开招投标，择优选择承包商。

第十七条 项目法人应按照经批准的设计文件组织工程实施，不得擅自变更建设地点、规模、标准和建设内容。若有重大调整、重大设计变更或需动用工程预备费，应上报市水务局，经审核同意后，方可组织实施。

第十八条 项目法人应加强河道整治工程项目全过程的组织管理，发现问题及时整改，确保工程建设安全、实行“质量、进度和投资”的三控制。

第五章 投资政策和资金管理

第十九条 按照“两级政府，两级管理”的原则，并根据区（县）财政状况及建设任务等因素综合考虑，河道整治工程项目投资实行分级承担。投资政策原则上分为三类：1. 崇明县市管河道整治工程费用由市、县财政按95%：5%的比例承担，县管河道工程费用由市、县财政按80%：20%的比例承担；2. 金山、奉贤区市管河道整治工程费用由市、区财政按90%：10%的比例承担，区管河道工程费用由市、区财政按70%：30%的比例承担；3. 其余区市管河道工程费用由市、区财政按80%：20%的比例承担，区管河道工程费用由市、区（县）财政按50%：50%的比例承担。

河道应急护岸专项工程费用原则上由市补助工程费用的50%。

以上工程项目的征地、动拆迁等前期费用由区（县）承担。

第二十条 项目法人应严格按照批准的工程建设内容使用建设资金，并按照财政专项资金管理办法，实行专款专用；对不按规定使用工程建设资金的，各级水务主管部门及财政部门有权终止项目执行并由财政部门将资金收缴国库。对违反财经纪律的项目单位和负责人，将按照国务院《财政违法行为处罚处分条例》的规定进行处理，涉嫌犯罪的移送司法机关处理。

第二十一条 项目法人应当根据年度投资计划，编制财务用款计划并据此提出用款申请，应严格按照年度资金计划安排工程建设进度，确保“当年计划，当年完成”。

第二十二条 市财政局会市水务局根据下达的建设项目年度计划，按照河道整治工程的建设进度下拨市补资金至各区（县）财政局，各区（县）财政局按照国库资金集中支付规定，支付项目建设资金。

第二十三条 河道整治工程采取全过程投资监理制度和项目审价制度，市水务局会同市财政局委托具有相应资质的社会中介机构对项目实施的全过程实行投资监理制度；各区（县）水务局（建交委）应会同区（县）财政局上报工程决算，工程决算由市水务局会市财政局审核后批复。

第六章 工程验收及档案管理

第二十四条 河道整治工程完成后，根据《上海市水利工程建设项目验收管理实施细则》，项目法人应及时组织工程项目法人验收并及时做好工程项目政府验收的各项准备工作，市水务局对具备条件的河道整治项目及时组织政府验收。

第二十五条 项目法人应按照水利工程建设项目档案验收管理的要求，做好工程项目档案的管理工作，并办理工程项目档案资料的归档手续。

第二十六条 河道整治工程经政府验收合格后，应及时办理工程及档案资料移交工作，明确管养主体，落实管养措施和管养经费，保证河道工程充分发挥效益。

第七章 附 则

第二十七条 本办法由上海市水务局会同市财政局负责解释。

第二十八条 对上海市河道整治工程项目和资金管理市政府另有规定的从其规定。

第二十九条 本办法自颁布之日起施行。

二〇〇九年九月十四日

2.3 关于下发《上海市"十二五"期间河道整治项目腾地专项补贴意见》的通知（沪财农〔2012〕17号）

上海市财政局、上海市水务局关于下发《上海市"十二五"期间河道整治项目腾地专项补贴意见》的通知

各区县财政局、水务局（建委）：

为进一步推进本市"十二五"期间河道建设，加大水环境整治力度，市财政局、市水务局制订了《上海市"十二五"期间河道整治项目腾地专项补贴意见》，并已经市政府常务会审议通过现下发给你们，请认真按照执行。

上海市财政局

上海市水务局

二〇一二年四月六日

上海市"十二五"期间河道整治项目腾地专项补贴意见

根据《中共上海市委、上海市人民政府关于贯彻〈中共中央国务院关于加快水利改革发展的决定〉的实施意见》（沪委发〔2011〕18号）文件中有关加快推进骨干河湖水系建设，持续开展流域和区域引清调水，调活水体、增强水动力，改善河网水质营造人水和谐的生产生活环境的目标要求，按照有利于政策衔接有利于调动区（县）积极性和切实推进河道整治项目建设原则圆满完成"十二五"期间780公里河道整治专项任务，经研究现就"十二五"期间本市河道整治项目腾地专项补贴意见如下：

一、补贴范围

列入市河道整治专项项目的市管、区（县）管河道整治工程项目，前期费用由区（县）承担，市给予腾地补贴。

腾地面积是指项目的新增用地面积，即河道建设项目用地扣除

原有占用部分后新增的用地面积。项目单位在编制项目可行性研究报告的同时测算腾地面积，经相关审批部门核准批复。

二、补贴标准

参照市政府批准的“十二五”市政道路重点建设项目支持政策，对河道整治专项涉及的征地、动拆迁等前期费用，市级给予定额补贴，即外环线以内地域按5 000元/平方米标准、外环线以外地域按32万元/亩标准。如市级补贴资金高于实际发生的征地动拆迁补偿费用，则按实际发生数补贴。

三、补贴资金来源

“十二五”期间河道整治专项发生的腾地补贴资金，在市级统筹的河道工程修建维护管理费中安排。

四、补贴资金拨付

市级腾地补贴资金分两次拨付区（县）。前期审批工作完成后依据相关部门批复的征地动拆迁文件，预拨补贴资金60%；完成动迁工作并交付土地，工程开工后，根据征地动迁合同、支付凭证等拨付余款40%。

五、实施时间

河道整治专项腾地补贴政策自2012年1月1日起执行。

2.4 关于印发《上海市河道整治工程项目和资金管理办法》的通知（沪水务〔2014〕1006号）

上海市水务局 上海市财政局关于印发《上海市河道整治工程项目和资金管理办法》的通知（沪水务〔2014〕1006号）

各区（县）水务局（建交委）、财政局，市司法局，光明食品（集团）有限公司，上海实业（集团）有限公司，上海地产农业投资发展有限公司：

根据《上海市河道管理条例》和工程建设及资金管理的有关规

定，为进一步加强本市河道整治工程项目和资金管理，结合本市实际情况，我们对《上海市河道整治工程项目和资金管理暂行办法》（沪水务〔2009〕673号）进行了修改完善。现将修订的《上海市河道整治工程项目和资金管理办法》印发给你们，请遵照执行。

特此通知。

上海市水务局

上海市财政局

二〇一四年十月三十一日

上海市河道整治工程项目和资金管理办法

第一章 总 则

第一条 为加强本市河道整治工程建设管理，规范建设资金使用，根据《上海市河道管理条例》和工程建设及资金管理的有关规定，结合本市实际，制定本办法。

第二条 本办法适用于列入市水利专项工程年度计划的河道（含附属设施）整治工程的项目建设和资金管理。

第三条 上海市水务局（以下简称市水务局）、上海市财政局（以下简称市财政局）按照各自职责，负责制订技术规范、整治标准、资金补贴政策，审批项目，落实补助资金，下达年度计划，审核拨付工程建设资金，开展项目建设监督管理等工作。

区（县）水务局（建交委）、财政局具体负责编制辖区内规划和年度计划，落实配套资金，组织项目实施管理，审核支付工程建设资金，开展日常监督管理等工作。

第二章 项目储备和审批

第四条 区（县）水务局（建交委）应当按照远近结合、突出重点、统筹兼顾的原则，根据城市总体规划、水利专项规划等确定的目标，科学合理确定河道整治的储备项目。

第五条 区（县）水务局（建交委）应当及时对河道整治储备项目开展项目前期工作，委托具有相应资质的勘测设计单位编制河道整治工程可行性研究报告。

第六条 河道整治工程可行性研究报告经过区（县）水务局（建交委）项目预审并通过后，列入区（县）级项目储备库。

第七条 市水务局应当建立市级项目储备库。

市级项目储备库由通过市水务局行业审查的区（县）级项目储备库内的项目组成。

市级项目储备库实行动态管理，每年年底前，对于三年前列入项目储备库的项目自动核销出库。

第八条 市水利专项工程年度计划中的河道整治工程项目应当从市级项目储备库中产生。

第九条 区（县）水务局（建交委）应当分阶段编制河道整治工程可行性研究报告和初步设计报告。但下列工程，经市水务局同意，工程可行性研究报告和初步设计报告可以一阶段编制上报：

（一）投资规模3 000万元以下的工程；

（二）河道应急抢险工程。

工程可行性研究报告和初步设计报告一阶段编制上报的，其工程可行性研究报告应当编制到初步设计报告深度。

第十条 区（县）水务局（建交委）向市水务局上报河道整治工程可行性研究报告时应当按规定明确项目法人单位和管理单位。

第十一条 河道整治工程可行性研究报告、初步设计报告上报后，市水务局应当组织专家或者委托具有相应资质的咨询机构进行项目技术和经济评估。工程可行性研究报告由市水务局会同市财政局批复，工程初步设计报告由市水务局批复。

第十二条 区（县）水务局（建交委）和财政局应当按照部门预算编报的要求，向市水务局和市财政局联合上报下一年度河道整治工程计划，经市水务局和市财政局审核后纳入财政年度预算。

第十三条 财政年度预算审议通过后，市水务局和市财政局将河道整治工程年度计划联合下达至区（县）水务局（建交委）、财政局。

第三章 项目实施和验收

第十四条 区（县）水务局（建交委）应当按照项目法人责任

制、工程招标投标制、建设工程监理制和合同管理制等要求，加强项目监管，定期将工程进展情况上报市水务局。

第十五条 项目法人应当根据招投标法等相关规定，遵循公开、公平、公正的原则，对项目的勘测、设计、监理、施工等实行公开招投标，择优确定承包商。

第十六条 项目法人应当按照经批准的设计文件组织工程实施，不得擅自变更建设地点、规模、标准和建设内容。

第十七条 项目法人需要对建设内容进行重大调整、设计方案进行重大变更或者动用工程预备费的，按照下列规定执行：

（一）在批准的工程概算内的，经区（县）水务局（建交委）初审并上报市水务局审核同意后，方可组织实施；

（二）超过批准的工程概算的，经区（县）水务局（建交委）、财政局初审并上报市水务局、市财政局审核同意后，方可组织实施。

第十八条 河道整治工程完成后，项目验收工作按照《上海市水利工程建设项目验收管理实施细则》执行。

第十九条 项目法人应当按照水利工程建设项目档案验收管理的要求，做好工程项目档案的管理工作，并办理工程项目档案资料的归档手续。

第二十条 河道整治工程通过项目法人验收后，项目法人应当及时向管理单位办理工程及档案资料移交工作；管理单位应当落实管养措施和管养经费，保障河道工程发挥效益。

第四章 补助政策和资金管理

第二十一条 河道整治项目资金按照“两级政府，两级管理”的原则，由市、区（县）分级承担并实行差别化补助政策。

第二十二条 河道整治项目工程费用按照下列规定予以承担：

（一）市管河道整治工程

全额由市财政承担。

（二）区（县）管及以下河道整治工程

崇明县由市、县财政按9：1比例承担；

金山、奉贤区由市、区财政按8：2比例承担；

松江、青浦区由市、区财政按7：3比例承担；

其他区由市、区财政按6∶4比例承担。

（三）其他

上海市司法局（以下简称市司法局）、光明食品（集团）有限公司（以下简称光明集团）、上海实业（集团）有限公司（以下简称上实集团）以及上海地产农业投资发展有限公司（以下简称农投公司）等相关单位管辖区域内河道整治工程由市财政、相关单位按7∶3比例承担。

第二十三条　河道整治项目腾地费用补助政策按照市政府批准的腾地补贴方案执行。

第二十四条　项目法人应当根据年度投资计划，编制财务用款计划并提出用款申请，按照年度资金计划安排工程建设进度，确保“当年计划，当年完成”。

第二十五条　市财政局会同市水务局根据下达的河道整治工程年度计划，将市补助资金下拨至区（县）财政局。区（县）财政局按照国库资金集中支付的原则，支付项目建设资金。

第二十六条　河道整治工程实行财务监理制度和项目审价审计制度。财务监理和审价、审计单位由市水务局会同市财政局按照政府采购的相关规定确定。

第二十七条　区（县）水务局（建交委）应当会同财政局按照审计结果向市水务局和市财政局上报工程财务决算；市水务局会同市财政局对上报的工程财务决算进行审核并批复。

第二十八条　项目法人应当按照批准的工程建设内容使用建设资金，并按照财政专项资金管理办法，实行专款专用；对不按规定使用工程建设资金的，水务部门及财政部门有权终止项目执行并由财政部门将资金收缴国库。对违反财政纪律的项目单位和负责人，按照国务院《财政违法行为处罚处分条例》的规定进行处理，涉嫌犯罪的移送司法机关处理。

第五章　附　则

第二十九条　市司法局、光明集团、上实集团和农投公司等单位的河道整治工程项目和资金管理参照本办法执行。

第三十条　本办法自2014年1月1日起施行，有效期至2018年

12月31日。2009年9月14日市水务局印发的《上海市河道整治工程项目和资金管理暂行办法》(沪水务〔2009〕673号)同时废止。

2.5 关于印发《上海市河道整治工程项目和资金管理办法》的通知(沪水务〔2019〕249号)

上海市水务局 上海市财政局关于印发《上海市河道整治工程项目和资金管理办法》的通知(沪水务〔2019〕249号)

各区水务局(建委)、财政局,市司法局,光明食品(集团)有限公司,上海实业(集团)有限公司,上海地产农业投资发展有限公司:

为进一步规范和加强本市河道整治工程项目和资金管理,确保如期消除劣V类水体,推动上海水环境实现根本好转,现将修订后的《上海市河道整治工程项目和资金管理办法》印发给你们,请遵照执行。

特此通知。

上海市水务局

上海市财政局

二〇一九年三月六日

上海市河道整治工程项目和资金管理办法

第一章 总 则

第一条 为打好碧水保卫战,确保如期消除劣V类水体,推动上海水环境实现根本好转,进步规范和加强本市河道整治工程项目和资金管理,提高资金使用效益,根据《中华人民共和国预算法》《上海市河道管理条例》等法律、法规和有关规定,结合本市实际,制定本办法。

第二条 本办法适用于列入市水利专项工程年度计划的河道（含附属设施）整治工程项目的建设和资金管理。

农村人居环境整治中河道整治工程项目的建设和资金管理，本市另有规定的从其规定。

第三条 上海市水务局（以下简称市水务局）、上海市财政局（以下简称市财政局）按照各自职责，负责制订技术规范、整治标准、资金补贴政策，审批项目，落实补助资金，下达年度计划，组织开展项目建设监督管理和绩效管理等工作。

区水务局（建委）、财政局负责制订项目和资金管理细则，依据辖区内河道整治规划编制年度实施计划，落实配套资金，组织项目实施管理，审核支付工程建设资金，具体落实项目日常监督管理和绩效管理等工作。

第二章　项目储备

第四条 区水务局（建委）应当按照规划先行、远近结合，统筹兼顾、突出重点，集中连片、整体推进的原则，根据城市总体规划、水利专项规划等确定的目标，科学合理确定河道整治的储备项目。

第五条 区水务局（建委）应当及时对河道整治储备项目开展项目前期工作，委托具有相应资质的勘测设计单位编制河道整治工程可行性研究报告。

第六条 河道整治工程可行性研究报告通过区水务局（建委）预审后，列入区级项目储备库。

第七条 市水务局应当建立市级项目储备库。

市级项目储备库由通过市水务局技术审查的区级项目储备库内的项目组成。

市级项目储备库实行动态管理，每年年底前，对于三年前列入项目储备库的项目自动核销出库。

第八条 市水利专项工程年度计划中的河道整治工程项目应当从市级项目储备库内完成工可审批的项目中产生。

列入下一年度市水利专项工程计划的新建项目原则上应在当年

8月底前完成工可审批。

第三章　项目申报和审批

第九条　区水务局（建委）应当分阶段编制河道整治工程可行性研究报告和初步设计报告。符合以下条件的项目，可以采用工程可行性研究（含初步设计）报告一阶段编制上报：

（一）河道整治项目工程费用5 000万元以下（含5 000万元）的工程（需办房屋征收及腾地等手续除外）；

（二）河道应急抢险工程。

工程可行性研究（含初步设计）报告深度应达到初步设计报告深度的要求。

第十条　区水务局（建委）向市水务局上报河道整治工程可行性研究报告时应当按规定明确项目法人单位。

第十一条　河道整治工程可行性研究报告、初步设计报告上报后，市水务局应当组织专家或者委托具有相应资质的咨询机构进行项目技术和经济审查。工程可行性研究报告由市水务局会同市财政局批复，工程初步设计报告由市水务局批复。

第十二条　区水务局（建委）和财政局应编制年度水利专项工程计划（包括河道整治工程项目清单和当年预算资金需求），报送市水务局和市财政局。经市水务局和市财政局审核后纳入市级财政年度预算。

第十三条　市级财政年度预算批准后，市财政局应当将年度专项转移支付预算下达至区财政局，市水务局和市财政局应当及时将年度河道整治工程计划联合下达至区水务局（建委）、财政局。

第十四条　区水务局（建委）和财政局根据市级下达河道整治工程计划项目清单组织工程实施和资金拨付，并将实际资金使用拨付情况于下一年度1月底前报市水务局和市财政局备案，作为下一年度市级水利专项补助预算编制和项目绩效评价的依据，实施过程中对年度新建工程项目清单票调整的，应上报市水务局和市财政局同意。

第四章　项目实施和验收

第十五条　区水务局（建委）应当按照项目法人责任制、工程招标投标制、建设工程监理制和合同管理制等要求，加强河道整治项目监管，定期将工程进展情况上报市水务局。

第十六条 项目法人应当根据招投标法等相关规定，遵循公开、公平、公正的原则，对项目的勘测、设计、施工、施工监理等实行公开招投标，择优确定中标单位。

第十七条 项目法人应当按照经批准的设计文件组织工程实施，不得擅自变更建设地点、规模、标准和建设内容。确需对建设内容进行重大调整、设计方案进行重大变更或者动用工程预备费的，按照下列规定执行：

（一）在批准的工程概算内的，经区水务局（建委）初审并上报市水务局审核同意后，方可组织实施；

（二）超过批准的工程概算的，经区水务局（建委）、财政局初审并上报市水务局、市财政局审核同意后，方可组织实施。

第十八条 河道整治项目建设周期（指安排项目预算开始至项目决算批复止）原则上不超过36个月；确需延期的，区水务局（建委）应提前3个月上报市水务局和市财政局同意，未经同意逾期实施的，不再安排市级补贴资金。

第十九条 河道整治工程完成后，项目验收工作按照水利工程建设项目验收有关规定执行。

第二十条 项目法人应当按照水利工程建设项目档案验收管理的要求，做好工程项目档案的管理工作，并办理工程项目档案资料的归档手续。

第二十一条 河道整治工程通过项目法人验收后，项目法人应当及时向管理单位办理工程及档案资料移交工作；管理单位应当落实管养措施和管养经费，保障河道工程发挥效益。

第五章 财政补助政策

第二十二条 河道整治项目资金按照“两级政府，两级管理”的原则，由市、区分级承担并实行差别化补助政策。

第二十三条 河道整治项目工程费用按照下列规定予以承担：

（一）市管河道整治工程

由市财政全额承担。

（二）区管及以下河道整治工程

崇明区由市、区财政按9 ：1比例承担；

金山、奉贤区由市、区财政按8 ：2比例承担；

松江、青浦区由市、区财政按7 ：3比例承担；

其他区由市、区财政按6 ：4比例承担。

（三）相关单位管辖区域内河道整治工程

上海市司法局、光明食品（集团）有限公司、上海实业（集团）有限公司、上海地产（集团）有限公司等相关单位管辖区域内河道整治工程市财政、相关单位按7∶3比例承担。

第二十四条 河道整治项目建设用地费由所在区（相关单位）承担，涉及腾地费用的补助政策按照市政府批准的腾地补贴方案执行。

第六章 资金管理

第二十五条 项目法人应当根据年度项目计划，编制财务用款计划并提出用款申请，区水务局（建委）和财政局根据市级下达河道整治工程计划项目清单安排使用资金，项目法人用款申请和年度项目清单计划实施有差异的，各区财政部门可以统筹安排使用年度水利专项转移支付资金，确保“当年计划，当年完成”。

第二十六条 河道整治工程实行财务监理制度和项目审价审计制度。财务监理和审价、审计单位由市水务局会同市财政局按照政府采购的相关规定确定。

第二十七条 区水务局（建委）应当会同财政局按照审计结果向市水务局和市财政局上报工程财务决算；市水务局会同市财政局对上报的工程财务决算进行审核并批复。

第二十八条 各级财政、水务部门要加强河道整治工程项目资金的绩效管理，按规定设立绩效目标，开展绩效跟踪，根据工作管理需要，对相关项目资金使用情况组织开展绩效评价，重点评价实施效果，并通报绩效评价结果。

第二十九条 各级水务、财政部门要加强对河道整治项目前期审查、建设实施、安全质量和资金执行等方面的全过程监督管理，定期进行检查和考核，并予以通报。

第三十条 项目法人应当按照批准的工程建设内容使用建设资金，并按照财政专项资金管理办法使用资金，对不按规定使用工程建设资金的，水务部门及财政部门有权终止项目执行并由财政部门将资金收缴国库。对违反财经纪律的单位和个人，将按照《财政违法行为处罚处分条例》等有关规定进行处理。

第七章 附 则

第三十一条 区防洪除涝工程项目和资金管理参照本办法执行。

第三十二条 上海市司法局、光明食品（集团）有限公司、上海实业（集团）有限公司和上海地产（集团）有限公司等单位的河道整治工程项目和资金管理参照本办法执行。

第三十三条 本办法自2019年1月1日起施行，有效期五年。市水务局、市财政局《关于印发〈上海市河道整治工程项目和资金管理暂行办法〉的通知》（沪水务〔2014〕1006号）同时废止。

上海市水务局

上海市财政局

二〇一九年三月六日

附录3

河湖长效管理相关政策文件

3.1 上海市人民政府办公厅转发市水务局制定的关于本市市管河道及其管理范围规定的通知（沪府办〔2002〕58号）

上海市人民政府办公厅转发市水务局制定的关于本市市管河道及其管理范围规定的通知

各区、县人民政府，市政府有关委、办、局：

市水务局制定的《关于本市市管河道及其管理范围的规定》已经市政府同意，现转发给你们，请认真按照执行。

二○○二年七月三十日

关于本市市管河道及其管理范围的规定

为加强本市河道管理，保障防汛安全，改善城乡水环境，发挥江河湖泊的综合效益，根据《上海市河道管理条例》的规定，现就本市市管河道及其管理范围作如下规定：

一、根据上海市水利分片综合治理规划，对主要的流域性行洪通道、省市边界河道及行洪、排涝、水资源调度等具有全市控制性作用的河道定为市管河道，并将中心城区内具有防汛排涝重要作用的河道列入市管河道。市管河道的具体名称、起迄地点，详见《上海市市管河道明细表》(附后)。

二、市管河道的管理范围包括水域和陆域两部分。水域是指河道两岸河口线之间的全部区域;陆域是指沿河口线两侧各外延不小于6米的区域,包括堤防、防汛墙、防汛通道、护堤地(青坎)等。市管河道的具体管理范围,将由市水务局会同市规划局划定。

三、市管河道的整治、利用、保护及其相关的管理活动,按《上海市河道管理条例》的有关规定执行。市管河道涉及航道,以及河道两岸管理范围涉及城市道路的,应当同时符合相关规定。

市水务局是本市河道的行政主管部门,其所属的上海市河道(水闸)管理处负责对全市河道的监督管理和指导,并对市管河道实施管理。根据管理需要,市水务局可以将市管河道委托区(县)河道行政主管部门实施日常监督管理。

上海市水务局

二〇〇二年七月十五日

3.2 关于印发《关于进一步加强本市中小河道管理养护工作的实施办法》的通知(沪水务〔2008〕1034号)

关于印发《关于进一步加强本市中小河道管理养护工作的实施办法》的通知

各区(县)水务局、财政局:

为进一步规范和加强本市区(县)管、镇(乡)管、村级河道(以下简称中小河道)的管理养护工作,保障河道设施完整,巩固河道整治成果,改善城乡水环境面貌,我们在调查研究、充分听取区县及相关单位意见的基础上,制定了《关于进一步加强本市中小河道管理养护工作的实施办法》,现印发给你们,请遵照执行。

特此通知。

上海市水务局

上海市财政局

二〇〇八年十二月二十二日

关于进一步加强本市中小河道管理养护工作的实施办法

为进一步规范和加强本市区（县）管、镇（乡）管、村级河道（以下简称中小河道）的管理养护工作，保障河道设施完整，改善城乡水环境，发挥河道的综合效益，根据《上海市河道管理条例》等法律、法规和有关技术规程，结合本市实际，制定本实施办法。

一、指导思想

以邓小平理论和“三个代表”重要思想为指导，深入贯彻落实科学发展观，围绕十七大全面建设小康社会的总体目标，按照“安全、资源、环境”相协调和“水清、面洁、岸净”的工作要求，大力推进中小河道的养护管理工作。坚持“两级政府、三级管理”和“建管并举、重在管理”的原则，明确各级政府对中小河道管理养护的责任，建立完善的中小河道管理养护体系，保障养护质量，建立健全以政府投入为主导的稳定的养护资金渠道逐步实现中小河道管理养护正常化、规范化，充分发挥中小河道在构建和谐社会和建设社会主义新农村进程中的重要作用。

二、主要目标

按照“总体规划、分步推进”的总体原则，到2008年底明确管养职责，落实养护资金，强化行业监管，实现中小河道日常养护工作全覆盖；到2009年底，进一步完善中小河道养护管理体系和管养制度，基本建立符合本市市情、水情和社会主义市场经济要求的中小河道养护管理养护体制和运行机制，实现中小河道管理养护工作的正常化、规范化。

三、养护内容和标准

（一）中小河道维修养护内容为河道管理范围内的堤防护岸、水域、绿化及相关的附属设施。

（二）中小河道维修养护标准由区（县）管、镇（乡）管、村级河道参照《上海市河道维修养护技术规程（试行）》执行，具体养护标准主要如下：

1. 堤防护岸：设施保持完整，基本达到原设计标准。

2. 防汛通道：保持平整、完好，无坑洼、破损，路基无塌陷。

3. 绿化：绿化植物处保存率达到98%以上，无占绿、毁绿现象；草坪、乔木、灌木等植物，无霉污、病枝、虫害等现象。

4. 栏杆：护栏表面应保持洁净，无变形、损坏、风化现象。

5. 水域保洁：河面保持基本清洁，每5 000平方米水面漂浮物控制在1平方米以下。

6. 陆域保洁：基本做到清洁，无废弃物（垃圾）、吊挂物等现象。

四、职责分工

（一）市水务局是本市河道的行政主管部门，其所属的上海市水利管理处负责本市河道的行业管理，具体负责监督检查中小河道养护工作开展情况和工作绩效评价。

（二）区（县）水务局（建委）是同级人民政府河道行政主管部门，按照其职责权限，负责辖区内中小河道养护管理工作；其所属的河道管理机构具体负责区（县）管河道养护计划的组织实施工作。

（三）镇（乡）人民政府是辖区内镇（乡）管、村级河道养护管理的责任主体，镇（乡）水利排灌站（或水务站）做好辖区内镇（乡）管、村级河道的养护管理工作，并对养护质量进行行业监管。

五、经费保障

（一）市级资金

根据各区（县）中小河道养护设施量、养护成本等，对区（县）

中小河道养护给予适当补助。市级资金基本补助标准为：区（县）管河道2.42万元/（公里·年），镇（乡）管河道0.42万元/（公里·年），村级河道0.32万元/（公里·年）。

（二）区（县）财政资金

各区（县）政府应根据中小河道养护的实际需要，科学测算养护资金需求，统筹本级财政预算，安排必要的财政资金，确保所在辖区内中小河道养护管理工作的正常开展。

（三）镇（乡）资金

镇（乡）人民政府应该按照当地经济社会发展水平和实际情况，安排一定的财政资金用于当地镇管、村级河道的养护管理。具体办法由区县政府结合实际确定。

六、管理要求

（一）中小河道维修养护管理采取政府购买服务方式。各区（县）级水务部门会同区（县）级财政部门按照政府购买服务的程序和要求，指导、帮助、督促责任单位，细化养护内容，落实考核措施，加强服务合同管理。

（二）区（县）级财政部门采取国库直接支付的方式，按照合同养护管理工作的实施进度，给付养护单位资金。

七、督查检查

建立中小河道养护管理工作的监督、监管、考核机制。区（县）水务局负责监督所辖区域内中小河道的养护管理工作，检查工作质量；区（县）财政部门负责对资金的使用实施检查。区（县）水务、财政部门定期对当地中小河道养护管理工作进行总结，并将总结报当地政府和市水务局备案。

市水务局定期对全市中小河道养护管理情况进行抽查，对管理不善，执行不力，提出整改意见后拒不整改的河道管理单位予以通报批评，并作为安排下年度补助资金依据，同时将检查处理结果送各区县人民政府。

3.3 关于印发《上海市中小河道管理养护工作考核办法（暂行）》的通知（沪水务〔2009〕734号）

关于印发《上海市中小河道管理养护工作考核办法（暂行）》的通知

各区（县）水务局（建委）：

为贯彻落实《关于印发〈关于进一步加强本市中小河道管理养护工作的实施办法〉的通知》（沪水务〔2008〕1034号）文件精神，切实做好中小河道绩效考核工作，经局长办公会审议通过，现将《上海市中小河道管理养护工作考核办法（暂行）》印发给你们，请遵照执行。

特此通知。

附件：上海市中小河道管理养护工作考核办法（暂行）

上海市水务局

二〇〇九年九月九日

附件：

上海市中小河道管理养护工作考核办法（暂行）

第一条 为巩固中小河道整治成果，完善长效管理养护机制，确保公共财政对中小河道管理补助资金的合理使用，根据《关于进一步加强本市中小河道管理养护工作的实施办法》（以下简称“实施办法”）的有关要求，制定本办法。

第二条 本办法适用于本市区（县）、镇（乡）、村管河道养护管理工作绩效考核。

第三条 考核工作遵循分级管理、分级负责，统筹兼顾、突出重点，公开、公平、规范化运作的原则。

第四条 考核对象为各区（县）水务局（建委）。

第五条 考核内容包括基础工作、资金保障、组织管理、管理绩效及突发事件处置等五个方面，具体内容如下：

（一）基础工作

各区（县）年度计划和管理信息报送情况。

（二）资金保障

各区（县）、镇级财政资金配套政策、到位情况及资金专款专用原则的落实情况。

（三）管理措施

各区（县）实施细则制定情况，政府购买服务实施情况、养护工作监管情况；日常工作资料记录和归档情况和养护工作总结评价制度建设情况。

（四）管理绩效

区、镇、村管河道设施养护覆盖情况、设施完好情况、日常养护工作抽查情况；"星级河道"创建工作开展情况；市级以上与河道设施养护管理有关的集体或个人立功受奖情况；"三件"（投诉件、来访件、批复件）和水务热线处理情况。

（五）突发事件处置

突发水环境污染事件处理情况；季节性有害水生植物打捞情况。

第六条 各项考核内容评分标准依照附表—上海市中小河道管理养护考核评分细则。水域保洁、陆域保洁、护栏、防汛通道、护坡和绿化等6种设施的养护标准，执行《上海市河道养护定额》《上海市河道维修养护技术规程》相关标准。

第七条 由市水务局、市财政局等相关职能部门、市水利管理处及各区（县）水务局组成市级考核小组，负责本市中小河道养护管理绩效的考核工作。各区（县）可组织相应考核机构负责本区（县）的考核工作（考核细则见附表一）。

第八条 考核采取平时测评与年终考评相结合的方式。

第九条 平时测评由市水利管理处负责，一是组织各区县政风行风监督员根据养护标准要求，对本区县中小河道养护管理情况进行书面评价，结果计入年度管理绩效考核总评分（测评内容详见附表二）；二是对各区县六项设施养护管理情况实施不定期巡查，巡查结果于年终统一汇总，并递交给市级考核小组。

第十条 年终考评由市级考核小组负责。于每年12月底至次年春节前组织实施，实行被考核区（县）回避制度。

第十一条 次年春节后至3月底前，考核领导小组将考核成绩通知各区（县）水务部门，质疑期为20天。如有疑问或不同意见，应及时反馈给考核办公室，由办公室提交市考核领导小组予以复核和处理。

第十二条 考核结果确定后，由考核领导小组将结果通知各区（县）水务局，并在上海水务网和上海水利网及有关简报上，对排名前三位的区（县）予以通报表扬；对考核成绩在80分（不含）以下者，予以通报批评，并限期整改。对在限定的整改期内拒不整改、或整改效果不佳者，将根据《实施办法》有关精神，对该区县下年度市补养护经费下浮20%。

第十三条 本办法由市水务局解释。

第十四条 本办法自发布之日起施行。

上海市水务局

二○○九年九月九日

3.4 上海市人民政府办公厅转发市水务局修订的《关于本市市管河道及其管理范围的规定》的通知（沪府办〔2011〕62号）

上海市人民政府办公厅转发市水务局修订的《关于本市市管河道及其管理范围的规定》的通知

各区、县人民政府，市政府有关委、办、局：

市水务局修订的《关于本市市管河道及其管理范围的规定》已经市政府同意，现转发给你们，请认真按照执行。

2002年7月《上海市人民政府办公厅转发市水务局制订的关于

本市市管河道及其管理范围规定的通知》（沪府办〔2002〕58号）同时废止。

二〇一一年七月二十九日

关于本市市管河道及其管理范围的规定

为加强本市河道管理，保障防汛安全，改善城乡水环境，发挥江河湖泊的综合效益，根据《上海市河道管理条例》，现就本市市管河道及其管理范围作如下规定：

一、根据上海市水利分片综合治理规划，将主要的流域性行洪通道、省市边界河道及行洪、排涝、水资源调度等具有全市控制性作用的河道定为市管河道，并将中心城区内具有防汛排涝重要作用的河道列为市管河道。市管河道的具体名称、起讫地点等，详见《上海市市管河道明细表》（附后）。

二、市管河道的管理范围包括水域和陆域两部分。水域是指河道两岸河口线之间的全部区域；陆域是指沿河口线两侧各向外延伸不小于6米的区域，包括堤防、防汛墙、防汛通道、护堤地（青坎）等。市管河道的具体管理范围，由市水务局会同市规划国土资源局划定。

三、市管河道的整治、利用、保护及其相关的管理活动，按照《上海市河道管理条例》的有关规定执行。其中市管河道涉及航道，以及河道两侧管理范围涉及城市道路的，应当同时符合相关规定。

市水务局是本市河道的行政主管部门。上海市水利管理处负责对本市河道的日常监督管理和指导，并对市管河道实施管理；上海市堤防（泵闸）设施管理处负责黄浦江、苏州河、太浦河、拦路港—泖河—斜塘、红旗塘—大蒸塘—园泄泾以及胥浦塘—掘石港—大泖港堤防设施的日常监督管理。根据需要，市水务局可委托区（县）河道主管部门对市管河道实施日常监督管理。

上海市水务局

二〇一一年七月十一日

3.5　关于印发《关于加强郊区镇村级中小河道轮疏工作的实施意见》的通知（沪水务〔2012〕420号）

关于印发《关于加强郊区镇村级中小河道轮疏工作的实施意见》的通知

各区（县）水务局、财政局，光明食品（集团）有限公司，上实现代农业开发有限公司：

为切实加强郊区镇、村级中小河道的疏浚工作，增强农田灌排能力，提高灌溉水质，改善郊区水环境面貌，我们在调查研究、并充分听取相关单位意见的基础上，制定了《关于加强郊区镇村级中小河道轮疏工作的实施意见》，现印发给你们，请遵照执行。

特此通知。

上海市水务局

上海市财政局

二〇一二年五月十四日

关于加强郊区镇村级中小河道轮疏工作的实施意见

为切实加强郊区镇、村级中小河道的疏浚工作，增强农田灌排能力，提高灌溉水质，改善郊区水环境面貌，制定本实施意见。

一、指导思想

深入贯彻《中共上海市委、上海市人民政府关于贯彻〈中共中央国务院关于加快水利改革发展的决定〉的实施意见》（沪委发〔2011〕18号）精神，全面加强中小河道疏浚工作，建立健全中小河道轮疏机制，进一步提高河道引排能力，提升农田灌溉水质，服务现代农业发展，改善农村人居环境。

二、实施原则

（一）整体规划，分步实施

在全面调查郊区中小河道淤积状况的基础上，科学编制中小河道轮疏规划，并有计划、有步骤地组织实施。

（二）集中联片，整体推进

按照轮疏周期需求，村管级河道疏浚原则上以村为单元进行，镇管河道疏浚原则上要集中联片，系统推进，充分发挥规模效应。

（三）注重实效，严格管理

针对中小河道不同情况，采取因地制宜、切实有效的措施开展轮疏工作。严格执行政府采购相关规定，选择符合条件的单位参与实施，并加强事前、事中、事后的监督检查工作，建立规范的资金使用制度。

三、工作目标和标准

1. 对郊区中小河道的轮疏，原则上以6～8年为周期，建立中小河道疏浚工作科学化、规范化、制度化、常态化。

2. 河道边坡：原则上河道边坡控制在1 ∶ 2～1 ∶ 3，坡面保持自然平顺，具体按轮疏规划确定的标准进行控制。

3. 河底高程：原则上河底标高（吴淞高程）控制在0.5～1.0米，具体按轮疏规划确定的标准进行控制。

四、职责分工

1. 市水务局、财政局负责制定实施意见、组织推进、管理监督和安排市级补助资金。

2. 区县水务局、财政局负责编制辖区内中小河道轮疏规划，制定年度实施计划，组织推进、监督管理和落实轮疏资金。

3. 乡镇人民政府是辖区内中小河道轮疏的责任主体，具体负责实施辖区内中小河道轮疏工作。

五、轮疏管理

（一）计划编制和报批

根据本区县中小河道轮疏规划，区县水务局、财政局在对乡镇上报的年度中小河道疏浚计划审核后，拟定区县年度实施计划，并于上一年度8月底前上报市水务局、财政局（区县计划申报表见附表一、附表二）。市水务局、财政局在审核后下达全市年度实施计划。区县水务局、财政局要及时落实轮疏计划和组织实施方案。

（二）实施要求

1. 各乡镇要根据批准的年度轮疏计划，按照政府采购等有关管理规定，组织实施辖区内中小河道轮疏工作。

2. 区县水务局、财政局要明确职能部门或委托具有相应资质的中介机构对疏浚工作进行全过程质量监控，确保河道疏浚质量。

3. 区县财政局、水务局要加强对轮疏计划实施的管理工作对疏浚方案变化大、金额变动多、区域调整等情况要委托具有资质的中介机构对轮疏项目进行审价、审计，严格资金管理。

4. 区县水务局应按照档案资料管理的有关要求，及时做好中小河道轮疏档案资料的归档和移交工作。

5. 各乡镇要求严格执行政府采购等相关规定，公开选择实施单位、准确确认疏浚任务，实行项目合同管理、落实疏浚信息公开，切实做好各项管理工作。

（三）验收考核

1. 各区县水务局、财政局负责对本区域内中小河道轮疏工程进行验收考核，严把验收考核关，确保工程质量。

2. 各区县水务局、财政局在项目验收考核后，需及时将计划完成情况表（附表三、附表四）、验收考核意见和审价或审计报告上报市水务局、财政局备案。

3. 市水务局、财政局将对区县中小河道轮疏开展绩效评价工作。

六、经费保障和资金使用管理

（一）资金补助政策

中小河道轮疏是一项公益性事业，要按照“三级政府，三级管理”的要求，采取区县投入为主，市级财政给予适当补助的原则。市级财政按照项目审价或审计决算金额的30%予以补助。各区县应根据中小河道轮疏的实际情况，统筹安排本级财政预算确保中小河道轮疏工作的资金来源。

（二）资金使用管理

1. 各区县、乡镇应及时足额落实财政资金，各乡镇应建立专账，按照财政资金国库集中支付的要求加强支出管理，并落实专人，确保资金专款专用。

2. 项目计划下达后，市财政局预拨70%市补资金至各区县财政局，各区县应根据工程实施进度及时下拨补助资金至乡镇财政所，确保项目顺利实施。市财政局将根据市对区县绩效考评结果拨付剩余补助资金。

3. 各级水务和财政部门要加强对轮疏资金使用管理的监督检查，对不按规定使用资金的，有权终止计划执行并由财政部门将资金收缴国库；对违反财经纪律的单位和负责人，将按照有关财政法律、法规进行处理，涉嫌犯罪的移交司法机关处理。

七、其他

市相关单位涉及中小河道轮疏工作的参照本实施意见执行。

3.6 关于印发《关于进一步加强本市河道管理养护工作的实施意见》的通知（沪水务〔2014〕1007号）

上海市水务局 上海市财政局关于印发《关于进一步加强本市河道管理养护工作的实施意见》的通知

各区（县）水务局（建交委）、财政局：

为进一步加强本市河道维修养护，提高河道管理养护水平保障河道设施完好，改善河道水环境面貌，我们在《关于进一步加强本市中小河道管理养护工作的实施办法》（沪水务〔2008〕1034号）的基础上，结合本市实际情况，制定了《关于进一步加强本市河道管理养护工作的实施意见》，现印发给你们，请遵照执行。

特此通知。

上海市水务局

上海市财政局

2014年10月31日

关于进一步加强本市河道管理养护工作的实施意见

为进一步加强本市河道维修养护，提高河道管理养护水平，保障河道设施完好，改善河道水环境面貌，发挥河道综合效益，促进水生态文明建设，根据《上海市河道管理条例》等法律法规和有关河道管理技术规程，结合本市实际，制定本实施意见。

一、指导思想

贯彻落实《中共上海市委、上海市人民政府关于贯彻〈中共中央国务院关于加快水利改革发展的决定〉的实施意见》（沪委〔2011〕18号）和《关于进一步深化本市城市养护作业领域市场化改革工作的指导意见》（沪府〔2013〕84号）的精神，按照“管建并举，重在管理”的要求，进一步健全河道管理养护体系，进一步完善河道长效管理机制，进一步加大公共财政投入力度，全面提高河道管理养护水平，巩固城乡水环境治理成果，服务上海生态宜居城市建设。

二、实施原则

（一）坚持“条块结合、以块为主”的分工，充分发挥属地管理作用。

（二）坚持“公共服务、公益属性”的定位，持续加大财政保障力度。

（三）坚持“购买服务、合同管理”的运作，加快推进养护作业市场化。

三、河道维修养护的标准

河道维修养护主要包括河道管理范围内的堤防护岸、防汛通道、绿化等设施养护，以及河床和水质维护、河道轮疏、水域和陆域保洁、河道清障等，具体标准参照《上海市河道维修养护技术规程》执行。

四、职责分工

（一）市水务局是本市河道的行政主管部门，其所属的上海市水利管理处具体负责本市河道的行业管理工作。

（二）区（县）水务局（建交委）是同级人民政府河道行政主管部门，按照其职责权限，负责本行政区域内河道的管理并受市水务局委托对辖区内市管河道实施管理；其所属的河道管理单位具体负责辖区内市、区（县）管河道的设施管理工作。

黄浦江、苏州河等市管河道的维修养护管理，本市另有规定的从其规定。

（三）镇（乡）人民政府按照职责权限，负责辖区内镇（乡）管河道、村级河道的管理，应明确管理单位具体负责实施辖区内镇（乡）管河道、村级河道的设施管理工作，并接受区（县）水务局的业务指导和监督管理。

五、补助政策

市管河道维修养护资金由市财政全额承担；其他河道维修养护资金由市财政给予定额补助，具体为：区（县）管河道9万元/（公里·年），镇（乡）管河道3万元/（公里·年），村级河道2万元/（公里·年）。

六、管理要求

（一）计划编报

区（县）水务局（建交委）、财政局应根据辖区内河道维修养护的实际需要，制定下达河道维修养护年度计划，并报市水务局、财政局备案。

（二）项目实施

1. 区（县）水务局（建交委）、财政部门要制定相应的河道维修养护实施办法和管理制度，组织实施河道维修养护工作。

2. 区（县）水务局（建交委）和各镇（乡）政府要按照政府购买服务的有关要求，择优落实维修养护单位，切实加强合同管理。

（三）监督考核

1. 区（县）水务局（建交委）、财政局应加强河道维修养护工作的监督检查，组织年度维修养护考核，并将考核结果报当地政府和市水务局、财政局备案。

2. 市水务局、财政局加强对区（县）河道维修养护工作的监督管理，组织开展对区（县）的年度考核和绩效评价工作，并将考核结果抄送区（县）人民政府。

3. 市水务局、财政局将建立年度考核结果与奖惩挂钩的机制，具体办法另行制定。

（四）资金管理

1. 区（县）水务局（建交委）、财政局应根据河道维修养护的实际需求，科学测算养护资金，落实区县级财政配套资金（原则上当年配套资金应不少于前三年配套资金的平均数），按财政专项资金要求管理，确保专款专用。

2. 河道维修养护计划下达后，市财政局拨付市补资金至各区（县）财政局，各区（县）按照国库资金集中支付的管理要求，根据养护合同下拨至维修作业单位，确保河道维修养护工作正常开展。

3. 各级水务和财政部门要加强对河道管养资金使用管理的监督检查，对不按规定使用资金的，有权终止计划执行并由财政部门将资金收缴国库；对违反财经纪律的单位和负责人，将按照《财政违法行为处罚处分条例》（国务院第427号）的规定进行处理。

七、其他

本实施意见自2014年1月1日起施行。市水务局、市财政局2008年12月22日印发的《关于进一步加强本市中小河道管理养护工作的实施办法》（沪水务〔2008〕1034号）及2012年5月14日印发的《关于加强郊区镇村级中小河道轮疏工作的实施意见》（沪水务〔2012〕420号）同时废止。

3.7 关于印发《上海市河道管理养护工作考核办法》的通知（沪水务〔2015〕880号）

上海市水务局 上海市财政局关于印发《上海市河道管理养护工作考核办法》的通知

各区（县）水务局（建交委）、财政局：

为进一步加强本市河道管理养护工作，提高河道管理养护水平，充分发挥财政资金使用效益，我们在《上海市中小河道管理养护工作考核办法（暂行）》（沪水务〔2009〕734号）的基础上结合本市实际情况，制定了《上海市河道管理养护工作考核办法》，现印发给你们，请遵照执行。

特此通知。

附件　上海市河道管理养护工作考核评分细则

上海市水务局　上海市财政局

2015年8月18日

上海市河道管理养护工作考核办法

第一章　总则

第一条　为进一步加强本市河道管理养护工作，提高河道管理养护水平，充分发挥财政资金使用效益，营造“水清、面洁、岸绿、景美”的河道水环境面貌，根据《关于进一步加强本市河道管理养护工作的实施意见》《上海市河道维修养护技术规程》等有关要求，制定本办法。

第二条　本办法适用于本市河道管理养护的市级考核工作。

第三条　考核工作遵循统筹兼顾、突出重点，客观公正、科学规范，公开透明、奖惩结合的原则。

第四条　本办法考核对象为各区（县）水务局（建交委）。

第五条　市水务局、市财政局组成市级考核小组，组织开展市级考核工作。

第二章　考核内容和考核方法

第六条　考核内容包括维修养护、河道轮疏、资金管理、其他等四个方面，具体如下：

1. 维修养护：包括组织管理、市场运作、维养计划、养护成效、亮点创建、养护档案、信息信访等情况。

2. 河道轮疏：包括组织实施、计划完成、档案管理等情况。

3. 资金管理：包括资金到位、资金使用情况。

4. 其他：包括奖励分项、扣减分项。

第七条　考核采取日常检查、年度考核等相结合的方式。日常检查由第三方机构进行定期检查，年度考核采取查阅资料、年终测评（委托第三方机构进行）、集中汇报等方式进行。市级考核工作原则上应于次年4月底前完成。

第三章　考核等级及结果运用

第八条　考核实行百分制。按照《上海市河道管理养护考核评分细则》（附表）进行赋分，考核分值80分以下为不合格等次。

第九条　考核结果将通报各区（县）水务局（建交委），并抄送区（县）人民政府。考核结果与奖惩挂钩，具体为：中心城区（徐汇、长宁、普陀、闸北、杨浦、虹口）前2名且分值在95分及以上的，郊区（县）（闵行、嘉定、宝山、浦东、奉贤、松江、金山、青浦、崇明）前3名且分值在95分及以上的，考核后下一年度市补资金上浮2%，增加的资金必须专款专用；考核分低于80分，考核后下一年度市补资金下浮2%，减少的资金由区（县）财政负责补足。

第四章　附则

第十条　对上海市戒毒局、光明食品（集团）有限公司、上实现代农业开发有限公司的河道管理养护考核工作参照本办法执行。

第十一条　本办法由上海市水务局、财政局负责解释。

第十二条　本办法自发布之日起施行。市水务局2009年9月9日印发的《上海市中小河道管理养护工作考核办法（暂行）》（沪水务〔2009〕734号）同时废止。

3.8　上海市人民政府办公厅转发市水务局制订的《关于本市市管河道及其管理范围的规定》的通知（沪府办规〔2018〕10号）

上海市人民政府办公厅转发市水务局制订的《关于本市市管河道及其管理范围的规定》的通知

各区人民政府，市政府有关委、办、局：

市水务局制订的《关于本市市管河道及其管理范围的规定》已

经市政府同意，现转发给你们，请认真按照执行。

上海市人民政府办公厅

2018年3月7日

关于本市市管河道及其管理范围的规定

为加强本市河道管理，保障防汛安全，改善城乡水环境，发挥江河湖泊的综合效益，根据《上海市河道管理条例》的规定，现就本市市管河道及其管理范围作如下规定：

一、根据上海市水利分片综合治理规划，对主要的流域性行洪通道、省市边界河道及行洪、排涝、水资源调度等具有全市控制性作用的河道定为市管河道，并将中心城区内具有防汛排涝重要作用的河道列入市管河道。市管河道的具体名称、起讫地点，见《上海市市管河道明细表》。

二、市管河道的管理范围，包括水域和陆域两部分。水域是指河道两岸河口线之间的全部区域；陆域是指沿河口线两侧各外延不小于6米的区域，包括堤防、防汛墙、防汛通道、护堤地（青坎）等。市管河道的具体管理范围，由市水务局会同市规划国土资源局划定。

三、市管河道的整治、利用、保护及其相关的管理活动，按照《上海市河道管理条例》的有关规定执行。市管河道涉及航道，以及河道两侧管理范围涉及城市道路的，应当符合相关规定。

市水务局是本市河道的主管部门，上海市水利管理处（上海市河湖管理事务中心）负责对本市河道的日常监督管理和指导，并对市管河道实施管理；上海市堤防（泵闸）设施管理处负责黄浦江、苏州河、太浦河、拦路港—泖河—斜塘、红旗塘—大蒸塘—园泄泾以及胥浦塘—掘石港—大泖港堤防设施的日常监督管理。根据河道管理需要，市水务局可以将市管河道委托区河道主管部门实施日常监督管理。

3.9 关于印发《关于进一步加强本市河湖长效管理养护工作的实施意见》的通知（沪水务〔2019〕250号）

上海市水务局 上海市财政局关于印发《关于进一步加强本市河湖长效管理养护工作的实施意见》的通知

各区水务局（建委）、财政局：

为认真贯彻落实习近平生态文明思想，深化河长制落实湖长制，打好碧水保卫战，进一步加强河湖长效管理养护工作，充分发挥财政资金使用效益，提高河湖维修养护水平，我们结合本市实际情况，修订了《关于进一步加强本市河道管理养护工作的实施意见》（沪水务〔2014〕1007号），现印发给你们，请遵照执行。

特此通知。

上海市水务局　上海市财政局

2019年3月6日

关于进一步加强本市河湖长效管理养护工作的实施意见

为认真贯彻落实习近平生态文明思想，以深化河长制落实湖长制为引领，打好碧水保卫战。进一步加强河湖长效管理养护工作，充分发挥财政资金使用效益，提高河湖维修养护水平，巩固河湖水环境治理成效。根据《上海市河道管理条例》和《上海市河道维修养护技术规程》要求，制定本意见。

一、实施原则

本实施意见坚持“长效管理、水质为重，河长负责、水岸联动，公共服务、公益属性”的原则。

二、河湖维修养护的内容

本市河湖维修养护工作具体标准参照《上海市河道维修养护技术规程》执行，主要内容包括生态维护、水质保护、绿化养护、岸线管护、河面清护、河床修护等六个方面。

三、职责分工

以河长制湖长制为抓手，落实河长湖长职责，各级水行政主管部门与各镇（乡）人民政府各尽其责。

上海市水务局（以下简称市水务局）是本市河湖的行政主管部门，其所属的上海市水利管理处具体负责本市河湖的行业管理工作。

区水务局（建委）负责本行政区域内河湖的管理，并受市水务局委托，对其辖区内市管河湖实施管理。对黄浦江、苏州河等市管河道的养护管理，本市另有规定的从其规定。

镇（乡）人民政府按照职责权限，负责本辖区内镇（乡）管河湖、村级河道的管理，并接受区水务局的业务指导和监督管理。

四、资金政策和使用范围

本市河湖维修养护资金实行分级分类补贴政策。

市管河湖维修养护资金由市财政全额承担，其他河湖维修养护资金由市财政给予定额补助，具体为：区管河湖11万元/（公里·年），镇（乡）管河湖4.5万元/（公里·年），村级河道2.5万元/（公里·年）。（新标准从2019年开始执行，补助标准增加部分分三年到位。）

河湖维修养护资金主要用于：

（一）巡查监测。依据管理需求开展巡查监测，包括河湖巡查、堤防护岸监测、水位及河床监则、水质监测等。

（二）水域保洁。包括水面及坡面垃圾的清除，硬质护岸迎水面冲洗。

（三）绿化养护。包括河湖官理范内绿化的养护、补种、品质提升，浮床的维护等。

（四）设施养护。包括陆域保洁、堤防护岸维修养护、防汛通道维修养护、附属设施维修养护、拦截设施的设置及维护等。

（五）水质维护。包括对已完成生态治理且水质已经达标河湖的日常水质维护，曝气装置等设施的维护等。

（六）河床修护。包括对易冲刷河段的河床保护和河床内阻水障碍物和废弃物的清除，包括实施镇村级河道轮疏、轮疏底泥的检测等。

五、管理要求

（一）计划编报

区水务局（建委）、区财政局应根据辖区内河湖维修养护的实际需要，根据《上海市河道维修养护技术规程》《上海市河道维修养护定额》，科学测算河湖管理养护资金，编制河湖设施管理养护预算文件，制定下达河湖维修养护和轮疏年度计划，并报市水务局、财政局备案。

（二）项目实施

1. 区水务局（建委）和各镇（乡）政府应按照政府购买服务和《上海市河道维修养护项目招标文件格式文本》的有关要求，引导养护企业提升养护设备自有率，择优选择河湖维修养护作业企业。

2. 河湖管理养护项目应按照《上海市河道维修养护合同示范文本》的相关规定，落实合同管理，合同内容应包括维修养护范围、内容、标准、进度、考核监督、奖惩、资金结算等内容。

（三）监督考核

1. 区水务局（建委）、区财政局应充分利用河长制平台，加强河湖维修养护工作的全过程监管，建立健全问题及时发现、处置、通报的工作制度，组织年度维修养护考核，并将考核结果报当地政府和市水务局、市财政局备案。

2. 区水务局应加强轮疏项目的全过程质量监控。委托具有测绘资质的独立第三方机构对轮疏前、后的河道断面进行抽测，抽测结果应作为轮疏项目竣工验收依据。

3. 市水务局、市财政局联合市河长办各成员单位，加强对各区河湖维修养护工作的监督管理，组织开展对各区的年度考核和绩效评价工作，并将考核结果抄送各区人民政府。

4. 市水务局、市财政局建立年度考核结果与奖惩挂钩的机制，具体办法另行制定。

（四）资金管理

1. 区水务局（建委）、区财政局应根据河湖维修养护的实际需求，落实区级河湖维修养护资金，按财政资金管理要求，编制财务用款计划并提出用款申请，按照年度资金计划安排推进项目实施，开展绩效评价，确保“当年资金，当年使用完毕”。

2. 市级河湖维修养护资金通过转移支付方式下达各区，河湖维修养护计划下达后，各区按照国库资金集中支付的管理要求，根据养护合同下拨至维修养护作业企业，确保河湖维修养护工作正常开展。

3. 河湖维修养护资金实行年度审计，各区年终应在市水务局、市财政局公开招标的审计名单中选择单位，对本区的年度河湖维修养护资金进行审计。

4. 各级水务和财政部门要加强对河湖管养资金使用管理的监督检查，对不按规定使用资金的，有权终止计划执行并由财政部门将资金收缴国库；对违反财经纪律的单位和个人，按照《财政违法行为处罚处分条例》（国务院第427号）的规定进行处理。

六、其他

（一）上海市司法局、上海地产（集团）有限公司、上海市土地储备中心、光明食品（集团）有限公司、上实现代农业开发有限公司等单位的河湖管理养护参照本办法执行。

（二）本实施意见自发布之日起施行。市水务局、市财政局2014年10月31日印发的《关于进一步加强本市河道管理养护工作的实施意见》（沪水务〔2014〕1007号）同时废止。

3.10 关于印发《上海市河湖长效管理养护工作考核办法》的通知（沪水务〔2019〕337号）

关于印发《上海市河湖长效管理养护工作考核办法》的通知

各区水务局（建委）、财政局：

为进一步加强本市河湖长效管理养护工作，提高河湖管理养护水平，改善河湖水环境面貌，我们结合本市实际情况，修订了《上海市河道长效管理养护工作考核办法》（沪水务〔2015〕880号），现印发给你们，请遵照执行。

特此通知。

附件：上海市河湖长效管理养护工作考核评分细则

上海市水务局　上海市财政局

2019年4月9日

上海市河湖长效管理养护工作考核办法

第一章　总则

第一条　为进一步加强本市河湖长效管理养护工作，提高河湖管理养护水平，改善河湖水环境面貌，围绕河湖“污水零排放、两岸无违建、水域无垃圾、河底少淤积、绿化全覆盖、水质不恶化”的目标，根据有关要求，制定本办法。

第二条　本市河湖长效管理养护工作的主要内容包括生态维护、水质保护、绿化养护、岸线管护、河面清护、河床修护等六个方面。

第三条　考核工作遵循统筹兼顾、突出重点，客观公正、科学规范，公开透明、奖惩结合的原则。

第四条　本办法考核对象为各区水务局（建委）。

第五条　市水务局、市财政局组成市级考核小组，组织开展市级考核工作。

第二章　考核内容和考核方法

第六条　考核内容包括养护管理、养护成效、轮疏管理、资金管理、其他等五个方面，具体内容如下：

（一）养护管理

1. 组织管理。考核河湖管理制度建立健全、行业检查及考核、第三方质量监管落实等情况。

2. 配置要求。考核是否按要求落实设施养护单位、河湖设施养护单位满足《上海市河湖维修养护作业基本配置要求》等情况。

3. 维养计划。考核下达维修养护经费、工作计划情况。

4. 养护档案。考核养护工作档案建立及更新，规范使用上海河湖养护APP情况。

5. 信息上报。考核工作报表、信息简报上报情况。

（二）养护成效

1. 水质保护。考核河湖水质保护情况。

2. 绿化养护。考核河湖绿化、浮床等是否按照标准进行养护，搭配是否合理，是否存在死株枯萎、占绿毁绿等情况。

3. 岸线管护。考核堤防护岸结构稳定、防汛通道畅通、附属设施整洁完好、河湖陆域保洁等情况。

4. 河面清护。考核水域保洁情况。

5. 河床修护。考核河道淤积，是否按照标准及时进行疏浚等情况，是否存在阻水障碍物等情况。

6. 亮点创建。考核星级河道申报及创建情况。

（三）轮疏管理

1. 组织实施。考核轮疏计划下达、实施方案编制、实施单位落实、轮疏质量监管、验收考核开展和轮疏项目审价等情况。

2. 计划完成。考核轮疏计划完成及工程质量情况。

3. 档案管理。考核轮疏日常工作资料收集、整理和归档情况。

（四）资金管理

1. 资金到位。考核河湖维修养护经费、轮疏资金落实和拨付情况。

2. 资金使用。考核河湖维修养护经费拨付审批程序和手续等情况。

（五）其他

1. 奖励分项。对河湖管理养护工作成效得到主流媒体正面报道，获得部、市表彰或市领导批示认可等情况进行加分。

2. 扣减分项。对监管不力造成违法填堵河湖、未通过消除劣V类考核、水体恶化黑臭、媒体市民曝光投诉、严重违反财经纪律、虚报轮疏工作量等情况进行扣分。

第七条 考核采取日常抽查、年度考核等相结合的方式。日常抽查包括第三方机构定期检查、市水务局工作暗访、公众满意度调查和市民巡访团巡查，年度考核采取查阅资料、集中汇报等方式进行。市级考核工作原则上应于次年4月底前完成。

第三章　考核等级及结果运用

第八条　考核实行百分制。按照《上海市河湖长效管理养护考核评分细则》(附表)进行赋分，考核分值80分以下为不合格等次。

第九条　考核结果将通报各区水务局(建委)，并抄送区人民政府。考核结果与奖惩挂钩，具体为：中心城区(徐汇、长宁、普陀、静安、杨浦、虹口)前2名且分值在95分及以上的，郊区(闵行、嘉定、宝山、浦东、奉贤、松江、金山、青浦、崇明)前3名且分值在95分及以上的，考核后下一年度市补资金上浮2%，增加的资金必须专款专用；考核分低于80分，考核后下一年度市补资金下浮2%，减少的资金由区财政负责补足。

第四章　附　则

第十条　上海市司法局、上海地产(集团)有限公司、上海市土地储备中心、光明食品(集团)有限公司、上实现代农业开发有限公司的河湖长效管理养护考核工作参照本办法执行。

第十一条　本办法由市水务局、市财政局负责解释。

第十二条　本办法自发布之日起施行。市水务局、市财政局2015年8月18日印发的《上海市河道管理养护工作考核办法》(沪水务〔2015〕880号)同时废止。

3.11　关于进一步加强本市河湖长效管理养护工作的通知(沪水务〔2019〕44号)

上海市水务局关于进一步加强本市河湖长效管理养护工作的通知

各区水行政主管部门：

为进一步深化河长制湖长制工作，提高河湖管理养护水平，巩固河湖水环境治理成效，围绕本市河湖水环境“两消除、两提升”的目标，现就进一步加强本市河湖长效管理养护工作通知如下：

一、坚持问题导向

随着本市河湖水环境质量的日益提升，现有河湖管理养护水平已难以满足新的要求，养护作业单位主要存在对影响河湖水质的污水排放、水质改善关注度不高、巡查发现不及时、养护人员配置不足等问题，管理部门存在行业监管覆盖度不够、镇村级河湖养护配套资金不足、河道轮疏项目收尾偏慢等情况。各区应坚持问题导向，认真梳理本区目前河湖长效管理养护工作存在的问题，研究解决措施，做到有的放矢。

二、明确工作目标

本市河湖长效管理养护工作的主要内容包括生态维护、水质保护、绿化养护、岸线管护、河面清护、河床修护等六个方面，结合轮疏规划，全力实现“污水无直排、两岸无违建、水域无垃圾、河底无淤积、绿化无损毁、水质无恶化”的工作目标。

三、落实管理责任

各区水行政主管部门应切实提高养护人员作业水平，积极选用养护新技术、新设备，全面提高养护精细化、智能化水平。根据实际情况，提出本区河湖养护基本配置要求，择优选择养护作业单位（本行业配置要求详见附件），提升养护作业单位规模化、标准化水平。试点推广上下游、左右岸、区界界河等连片养护，打破河道等级和区域界限，鼓励引导河湖区域化、一体化养护，充分发挥河湖养护整体效益。各区应加强对各街镇的业务指导和监督，根据实际情况，采取市场化方式对辖区内镇（乡）管、村级河湖进行养护。对于河道口宽较小，宅前屋后的部分村级河道也可采用市场化和村民自治相结合的方式进行养护。

四、加强资金管理

各区水行政主管部门应严格落实市水务局、市财政局相关资金政策，根据辖区内河湖维修养护的实际需要，科学测算河湖管理养护资金，落实配套资金，制定下达河湖维修养护和轮疏年度计划。按照政府购买服务招标和合同格式文本、河湖维修养护作业基本配置等要求，择优选择河湖维修养护作业单位，落实合同管理。

五、严格监管考核

各区水行政主管部门应充分利用河长制平台，加强河湖维修养护工作的全过程监管，建立健全问题及时发现、处置、通报等工作制度。组织年度维修养护考核，并将考核结果报当地政府和市水务局、市财政局备案。督促街镇切实做好各项管理和考核工作。加强对辖区内从事本市河湖养护作业单位的考核监督。合同期内，如发现养护作业单位存在拖欠工人工资、未履行合同约定承诺、发生重大养护责任事故等情况，将依据养护合同和考核办法，分别采取责令整改、扣减养护经费、解除养护合同等措施。情节严重的，经相关部门认定，纳入本市河湖养护企业“诚信黑名单”，在规定时间内不予进入本市各级河湖养护市场。

特此通知。

上海市水务局

2019年1月15日

3.12 上海市河长制办公室印发《关于加强本市单位自管河湖管理的指导意见》的通知（沪河长办〔2021〕46号）

上海市河长制办公室印发《关于加强本市单位自管河湖管理的指导意见》的通知

市河长办有关成员单位，各区河长制办公室：

为深入贯彻落实习近平生态文明思想，深化河长制湖长制，打好碧水保卫战，巩固本市水环境治理成果，持续提升水环境面貌，市河长制办公室研究制定了《关于加强本市单位自管河湖管理的指导意见》。现印发给你们，请认真贯彻落实。

特此通知。

上海市河长制办公室

2021年10月20日

关于加强本市单位自管河湖管理的指导意见

为深入贯彻落实习近平生态文明思想，深化河长制湖长制，打好碧水保卫战，巩固本市水环境治理成果，持续提升水环境面貌，结合本市实际，就加强本市单位自管河湖管理提出指导意见如下：

一、定义

单位自管河湖（河湖报告中为其他河湖）指的是公园、绿地、小区或单位内自管的河道（湖泊）有具体的产权主体，主要承担区域调蓄和生态改善功能。

二、管理原则及目标

坚持“河长牵头协调、河长办监管、水务部门业务指导、权属人（单位）负责”的原则，以河长制湖长制为抓手，落实单位自管河湖河长湖长职责，加强监管和指导，明确行政审批要求及资金渠道，进一步提高单位自管河湖管护水平和质量。

三、行政许可要求

单位自管河湖纳入全市河湖水面率控制，禁止擅自填埋，涉及单位自管河湖的“填堵河道”许可与纳入河湖水面率控制的河道、湖泊统一管理，具体参照《上海市河道管理条例》相关规定执行。涉及单位自管河湖建设项目相关许可，由所在区水行政主管部门进行审批。

四、资金渠道

单位自管河湖建设费用及日常管理、养护等费用由权属单位自行筹措。

五、责任分工

（一）河长责任

单位自管河湖的河长由辖区内存居干部和权属单位法定代表人或相关负责人共同担任一级河长；河长作为单位自管河湖管理保护的第一责任人，要在“巡、盯、管、督”上下功夫，履行好知河、巡河、治河、管河、护河的责任。

（二）监管责任

单位自管河湖属地河长办是日常管理工作的监管主体，负责督促责任主体落实水体日常管理工作，履行日常管理的监管职责。

（三）业务指导责任

市水务部门利用航片、卫片等方式方法加强对单位自管河湖的巡查检查，区水务部门对单位自管河湖日常管理、行政许可办理、涉河项目建设等进行业务指导。

（四）日常管理责任

单位自管河湖的权属人（单位）是日常管理的责任主体，履行日常管理养护责任，具体养护要求参照《上海市河道维修养护技术规程》执行。

本指导意见自印发之日起施行。

3.13 关于进一步加强本市镇村级河道疏浚工作的通知（沪水利（河湖）〔2021〕37号）

上海水利管理事务中心（上海市河湖管理事务中心）关于进一步加强本市镇村级河道疏浚工作的通知

浦东新区、宝山区、闵行区、嘉定区、金山区、松江区、青浦区、奉贤区、崇明区河道管理单位，临港新片区管委会生态和市容管理处：

为进一步贯彻落实《关于进一步加强本市河湖长效管理养护工作的实施意见》（沪水务〔2019〕250号）文件精神，以“河底无淤积”“疏浚底泥减量化”为工作目标，实现镇村级河道河床修护工作规范化、常态化，维护河床生态功能，现将做好本市镇村级河道疏浚的相关工作通知如下：

一、编制疏浚实施方案

梳理本区第一轮镇村级河道轮疏项目验收断面测量资料和现有镇村级河道现状等基本情况，以河道疏浚底泥减量化为原则，组织编制本区域下阶段镇村级河道疏浚实施方案，方案中应当明确辖区内镇村级河道河床淤积情况的总体监测计划（“十四五”期间完成一轮全覆盖监测）、底泥检测及消纳措施、年度疏浚计划制定原则等。

二、制定疏浚办法标准

充分考虑河道等级、所在区域、是否通航、护岸形式、历年淤积情况、周边环境等因素，针对不同类型镇村级河道，因地制宜制定适用的河床监测周期、疏浚办法和标准等规范性文件，明确适宜的疏浚要求和条件，并确保河床淤积已影响河道防汛行洪能力的镇村级河道在一定期限内分类进行处置。原则上河床淤积厚度达到0.5米及以上的河道，宜及时按照疏浚标准进行疏浚。

三、开展河床淤积监测

根据辖区内镇村级河道淤积情况总体监测计划，各区水务部门应自行或委托有资质的专业机构每年开展河床断面监测，根据监测结果，对照疏浚标准，确定下一年度需要疏浚的河道；对于未满足疏浚条件，下一年度确定不需疏浚的河道，应当根据监测结果（淤积速率），对照疏浚标准，提出河道拟需要实施疏浚的年份。

四、拟定年度疏浚计划

根据当年度及往年度河床淤积监测结果，对照疏浚标准，拟定下年度实施计划，并于当年11月底前上报市水利事务中心（计划表见附表一、附表二），同时将底泥检测结果及消纳处置方案上报市水利事务中心备案。市水利事务中心在审核后下达全市年度实施计划。区水务局要会区财政局及时下达疏浚计划，组织开展项目实施。如需调整计划的，应及时将调整后的实施计划上报至市水利事务中心备案。

五、相关要求

（一）各区水务局要督促各乡镇根据下达的年度疏浚计划，对需要疏浚的河道开展底泥检测，严格按照《关于规范中小河道整治疏浚底泥消纳处置的指导意见》（沪水务〔2018〕1109号）的要求，确定底泥消纳处置方案；确定具体疏浚项目后，严格执行政府采购等相关规定，公开择优落实实施单位，并切实落实项目管理要求；确因特殊情况无法实施到位的，应当做好设计变更并报区水务局批准或备案；及时委托具有资质的中介机构对年度疏浚工作进行审计审价，严格资金管理。

（二）各区水务局要会区财政局明确职能部门或委托具有相应资质的中介机构对疏浚工作进行全过程质量监控；委托具有相应资质的专业机构做好疏浚前原状断面和疏浚后断面的编制和测绘工作；严格疏浚工作的验收考核，确保河道疏浚质量。

（三）各区水务局应按照档案资料管理的有关要求，对河床监测数据资料做好归档，并指导各乡镇及时做好镇村级河道疏浚档案资料的归档管理工作。

特此通知。

上海市水利管理事务中心（上海市河湖管理事务中心）

2021年11月12日

3.14　上海市人民政府办公厅转发市水务局修订的《关于本市市管河道及其管理范围的规定》的通知（沪府办规〔2023〕5号）

上海市人民政府办公厅转发市水务局修订的《关于本市市管河道及其管理范围的规定》的通知

各区人民政府，市政府各委、办、局：

市水务局修订的《关于本市市管河道及其管理范围的规定》已经市政府同意，现转发给你们，请认真按照执行。

市政府办公厅2018年3月转发市水务局制订的《关于本市市管河道及其管理范围的规定》（沪府办规〔2018〕10号）同时废止。

关于本市市管河道及其管理范围的规定

为加强本市河道管理，保障防汛安全，改善城乡水环境，发挥江河湖泊的综合效益，根据《上海市河道管理条例》的规定，现就本市市管河道及其管理范围作如下规定：

一、根据上海市水利分片综合治理规划，将主要的流域性行洪通道、省市边界河道及行洪、排涝、水资源调度等具有全市控制性作用的河道定为市管河道，并将中心城区内具有防汛排涝重要作用的河道列入市管河道。市管河道的具体名称、起讫地点，见《上海市市管河道明细表》附后。

二、市管河道的管理范围，包括水域和陆域两部分。水域是指河道两岸河口线之间的全部区域；陆域是指沿河口线两侧各外延不小于6米的区域，包括堤防、防汛墙、防汛通道、护堤地（青坎）等。市管河道的具体管理范围，由市水务局会同市规划资源局划定。

三、市管河道的整治、利用、保护及其相关的管理活动，按照《上海市河道管理条例》的有关规定执行。市管河道涉及航道，以及河道两侧管理范围涉及城市道路的，应当符合相关规定。

市水务局是本市河道的主管部门，上海市水利管理事务中心（上海市河湖管理事务中心）承担对本市河道的日常监督管理和指导，并对市管河道实施管理；上海市堤防泵闸建设运行中心承担黄浦江、苏州河、太浦河、拦路港—泖河—斜塘、红旗塘—大蒸塘—园泄泾和胥浦塘—掘石港—大泖港堤防设施的日常监督管理。根据河道管理需要，市水务局可以将市管河道委托区河道行政主管部门实施日常监督管理。

本规定自2023年2月1日起施行，有效期至2028年1月31日。

附件：上海市市管河道明细表

上海市水务局

2023年1月10日

参考文献

[1] 辞海编纂委员会.辞海［M］.上海：上海辞书出版社，1999.

[2] 苏秉公.摩都水乡 徜徉上海音乐谷［M］.上海：文汇出版社，2015.

[3] 傅林祥.浪奔浪涌黄浦江［M］.上海：学林出版社，2019.

[4] 薛理勇.潮起潮落苏州河［M］.上海：学林出版社，2019.

[5] 张姚俊.老上海城记：河与桥的故事［M］.上海：上海文艺出版（集团）有限公司，2010.

[6] 卢智灵，谢翠松，陈嘉胤.上海市河湖名称现状分析及命名规范化方法［J］.人民长江，2021，52（S2）：33-36.

[7] 吴昊.杭州的河道景观与文化传承［J］.城乡建设，2015（2）：40-42.

[8] 刘辰，金妍，杨凯，等.基于河网水系的江南水乡风貌和文化保护途径——以上海朱家角镇为例［J］.世界地理研究，2011，20（2）：169-176

[9] 杨宗伟.基于文化理念的河流生态修复案例研究［D］.吉林：东北师范大学，2012.

[10] 张海燕，唐迎洲，徐贵泉，等.上海市骨干河湖分级研究［J］.人民长江，2011，42（3）：49-52.

[11] 唐传利.关于开展河湖连通研究有关问题的探讨［J］.中国水利，2011（6）：86-89.

[12] 谢自银.河湖基本情况普查工作要点［J］.中国水利，2011（18）：14-15+27.

[13] 邵自平，李建章.加强河湖管理 维护河湖健康——访水利部建设与管理司司长孙继昌［J］.中国水利，2011（23）：9-12.

[14] 孙继昌.关注河湖永续利用［J］.中国水利，2007（22）：15-18.

[15] 李小平.我国河流名称变迁的规律及成因［J］.云梦学刊，2005（26）：119-121.

图片来源索引

图4.2 https://sghexport.shobserver.com/html/baijiahao/2020/09/04/256231.html

图4.9 https://baijiahao.baidu.com/s?id=1626895454650957121&wfr=spider&for=pc

图4.12 https://www.meipian.cn/hguydhq

图4.14 https://baijiahao.baidu.com/s?id=1719089836705743913&wfr=spider&for=pc

图4.15 https://sghexport.shobserver.com/html/baijiahao/2022/10/25/887471.html

图4.18 https://m.sohu.com/a/135500958_734583

图4.19 https://m.thepaper.cn/baijiahao_9571357

图4.20 https://m.sohu.com/a/168875563_658365/?pvid=000115_3w_a

图4.21 https://www.163.com/dy/article/HV5ACUM60514A3B5.html

图4.22 https://sghexport.shobserver.com/html/baijiahao/2023/04/17/1006981.html

图4.23 https://www.sohu.com/a/311629490_391495?sec=wd

图4.25 https://www.163.com/dy/article/FGRLE5VS0526NBC9.html

图4.26 https://www.163.com/dy/article/FGRLE5VS0526NBC9.html

图4.27 https://new.qq.com/rain/a/20200424A00NG000

图4.28 https://zhuanlan.zhihu.com/p/64474817?utm_source=wechat_session

http://mt.sohu.com/20171114/n522410902.shtml

图4.30 https://baijiahao.baidu.com/s?id=1680336256015939115&wfr=spider&for=pc

图4.31 https://www.163.com/dy/article/F9ERHIU605500E0H.html

图4.32 https://m.sohu.com/a/135500958_734583

https://www.jianshu.com/p/623163e0f316?utm_campaign=maleskine&utm_content=note&utm_medium=seo_notes&utm_source=recommendation